金陵全書

丁編·文獻類

弘明集（二）

（南朝梁）僧祐 輯

南京出版傳媒集團
南京出版社

圖書在版編目（CIP）數據

佛國記 / (晋) 法顯撰. 弘明集 / (南朝梁) 僧祐輯
. -- 南京 : 南京出版社, 2021.4
（金陵全書）
ISBN 978-7-5533-3196-6

Ⅰ. ①佛… ②弘… Ⅱ. ①法… ②僧… Ⅲ. ①法顯 – 生平事迹②西域 – 歷史地理 – 東晋時代③佛教史 – 中國 – 古代 Ⅳ. ①B949②K935.06

中國版本圖書館CIP數據核字（2021）第037883號

書　　名　【金陵全書】（丁編・文獻類）
　　　　　佛國記・弘明集
作　　者　（晋）法顯　（南朝梁）僧祐
出版發行　南京出版傳媒集團
　　　　　南 京 出 版 社
　　　　　社址：南京市太平門街53號　　郵編：210016
　　　　　網址：http://www.njcbs.cn　　電子信箱：njcbs1988@163.com
　　　　　聯系電話：025-83283893、83283864（營銷）　025-83112257（編務）

出 版 人　項曉寧
出 品 人　盧海鳴
責任編輯　嚴行健
裝幀設計　楊曉崗
責任印製　楊福彬

製　　版　南京新華豐製版有限公司
印　　刷　南京凱德印刷有限公司
開　　本　889毫米 × 1194毫米　1/16
印　　張　51
版　　次　2021年4月第1版
印　　次　2021年4月第1次印刷
書　　號　ISBN　978-7-5533-3196-6
定　　價　1200.00元（全二册）

南京出版社
圖書專營店

弘明集卷第七

梁楊都建初寺釋僧祐集

難顧道士夷夏論并書

宋朱昭之

見足下高談夷夏。辨商二教。條勒經旨。冥然玄會。妙唱善同。非虛言也。昔應吉甫齊孔老於前。吾賢又均李釋於後。萬世之殊塗。同歸於一朝。歷代之疑爭。怡然於今日。賞深悟遠。蠲慰者多。益世之談。莫過於此。至於各言所好。便復肝膽楚越。不知苦甘之方雖二。而成體之性必一。乃互相攻擊。異端遂起。往反紛頻。斯害不少。惜矣。初若登天。光被俗表。末如入淵。明夷輝淪。夫導師失路則迷塗者眾。故忘其淺昧遽相牽拯。令先布其懷。未陳所恨。想從善如流者不惜乖於一往耳。山川悠遠良話未期。聊寄於斯以代暫對。情旗一接所釋不淺。朱昭之白。

夫聖道虛寂故能圓應無方。以其無方之應故應無不適。所以自聖而檢心。本無名於萬會。物自會而爲稱。則名號以爲之彰。是以智無不周者則謂之爲正覺。通無不順者。則謂之爲聖人。開物成務無不達也。則謂之爲道。然則聖不過覺。覺不出道。君可知也。何須遠求哉。但華夷殊俗情好不同。聖動常因。故設教或異然曲禮淨戒數同三百威儀容止又等三千所可爲異正在佛道之名形服之閒耳達者尚復以形骸爲逆旅衮冕豈足論哉所可爲嫌祇在設教之始華夷異用當今之俗而更兼治遷流變革一條宜辨耳今當言之聖人之訓動必因順東國貴華則爲衮冕之服禮樂之容屈伸俯仰之節衣冠簪佩之飾以弘其道蓋引而近之也夷俗重素故教以極質髡落徽容衣裳弗裁閑情開照期神曠劫以長其心推而遠之也道法則採餌芝英餐霞服丹呼吸太一吐故納新大則靈飛羽化小則輕強無疾以存其身卽而

效之也三者皆應之一用。非吾所謂至也。夫道之極者。非華非素。不即不殊。無近無遠。誰舍誰居。不偏不黨。勿毀勿譽。圓通寂寞。假字曰無。妙境如此。何所異哉。但自皇犧已來。各弘其方。師師相傳。不相關涉。良由彼此兩足。無復我外之求。故自漢代已來。淳風轉澆。仁義漸廢。大道之科莫傳。五經之學彌寡。大義既乖。微言又絕。眾妙之門莫遊。中庸之儀弗覩。禮術既壞。雅樂又崩。風俗寢頓。君臣無章。正教陵遲。人倫失序。於是聖道彌綸。天運遠被。玄化東流。以慈係世。眾生黷所先習。欣所新聞。革面從和。精義復興。故微言之室。在在並建。玄詠之賓。處處而有。此可以事見。非直布之空談。將無物不可以終否。故受之以同人。故耶。意者夫聖人之撫百姓。亦猶慈母之育嬰兒。始食則餌以甘肥。甘肥既厭。復改以脂蜜。脂蜜既厭。則五體休和。內外平豫。爲益至矣。不其然乎。理既然矣。而橫厝非貶。妄相分別。是未悟環中。不可與議。二賢推還往反。解材之勢。縱復得解。非順理之作。順理析之。豈待推還。足下發源開端。明孔老是佛。結章就議。則與奪相懸。何搢紳擎跽。爲諸華之容。稽首佛足。則有狐蹲之貶。端委罄折。爲侯甸之恭。右膝著地。增狗踞之辱。請問。若孔是正覺。釋爲邪見。今日之談。吾不容聞。許爲正眞。何理鄙誚。既虧畏聖之箴。又忘無苟之禮。取之吾心。所恨一也。又云。全形守祀。繼善之教。毀貌易性。絶惡之學。是商臣之子。有繼善之功。覆障毁落。有絶惡之志。推尋名實。爲恨二也。又云。下棄妻孥。上廢宗祀。夫鬼神之理。冥漠難明。故子路有問。宣尼弗釋。當由生死道殊。神緣難測。豈爲聖不能言。良恐賢不能得。三達之鑒。照之有在。足下已許神化東流。而復以喪祭相乘。與奪無定。爲恨三也。又云。切法可以進謙弱。賒法可以退夸强。三復此談。顛倒不類。夫謙弱易回。可以賒和而進。夸强難化。應以苦切乃退。隱心檢事。不其然乎。米穅在目。則東西易位。偏著分心。則辭義舛惑。所言乖當。爲恨四也。又云。抑則明者獨進。引則昧者競前。夫道言眞實。敬同高唱。覆載萬物。養育衆形。而云明者獨進。似若自私。佛音一震。則四等兼羅。三乘同順。天龍俱靡。而云昧者競前。亦又近誣。探賾之談。而妄生瘡疣。游辭放發。爲恨五也。又云。佛是破惡之方。道是興善之術。破惡之方。吾無間然。夫惡止善行。乃法教所以興也。但未知興善之術。術將誰然。若善者已善。奚用興善。善者非善。又非興善。則興善之名義無所託。今道者善也。復以興善。取之名義。太爲繼富。不以振惡爲教徧矣。大道兼弘。而欲局之。爲恨六也。又云。殘忍剛愎則師佛爲長。慈柔虛受則服道爲至。夫摧伏勇猛。迴靡殘暴。實是牟尼之巨勳。不乖於慧吉。但道力剛明。化功彌遠。成性存存恩無不被。梟鴆革心。威無不制。而云唯得虛受。太爲淺略。將無意淪偏著。不悟狹劣傷道耶。披尋第目。則先誡臆說。建言肆論。則不覺情遷。分石難持。爲恨七也。又云。八象西戎諸典。廣略兼陳。金剛般若。文不踰千。四句所弘。道周萬法。麤妙兩施。繁約共有。曲法細誡。科禮等碎。精麤横生。言乖乎實。爲恨八也。又云。以國而觀。則夷虐夏温。請問炮烙之苦。豈康竺之刑。流血之悲。詎齊晉之子。刳剔之苦。害非左衽之心。秋露含垢。匪海濱之士。推檢性情。華夷一揆。虚設温嚴。爲恨九也。又云。博奕賢於慢遊。講誦勝於戲謔。尋夫風流所以得傳。經籍所以不廢。良由講誦以得通諮求以成悟。故曰學而不講。是吾憂也。而方之戲謔。太爲慢德。請問善誘之筌。其將安寄。初未得意而欲忘言。爲恨十也。有此十恨。不能自釋。想望君子更爲伸之。謝生亦有參差。足下攻之已密。且專所請。不復代匠。

諮顧道士夷夏論 幷書

宋朱廣之

朱廣之叩頭。見與謝常侍往復夷夏之論。辯章同歸之義。可謂簡見通微。淸練之談也。至於耽尙端冕之飾。屏破翦落之素。申以擎跪之恭。辱以狐蹲之肅。桎束華人。杜絕外法。舟車之喻雖美乎。恕之情未篤。致會之源既坦。筌寄之塗方壅。然則三乘之悟。宵望茲土。六度之津。於今長訣。披經翫理。悵快良深。謝生貶沒仙道。褒明佛教。以羽化之術。爲浮濫之說。殘形之唱。爲履眞之文。徒知己指之爲指。不知彼指之無殊。

豈所以通方得意善同之謂乎。僕夙漸法化。晚味道風。常以崇空。貴無宗趣。一也。羂網雙張。義無偏取。各隨曉入。唯心所安耳。何必龍袞可襲。而瓔珞難乘者哉。自貧來多務。研數沈潛。緘卷巾櫝。奄逾十載。幼習前聞。零落頓盡。蘊志空年。開瞻靡階。每獨慷慨。遥夜。輒啟旦忘寐。而清心遠信。纏苦彌篤。若夫信不沿理。則輕汎無主。轉諍之賓。因斯而起。是以罄率狂管書述鄙心。願重爲啟誨。敷導厥疑。廣之叩頭。

論云。擎跪罄折。侯甸之恭也。狐蹲狗踞。荒流之肅也。

疑曰。夫邦殊用隔。久自難均。至於各得所安。由來莫辨。侯甸之容。所言當矣。狐狗之目。將不獨傷。

論云。若謂其致既均。其法可換者。而車可涉川。舟可行陸乎。必不可也。疑曰。夫法者所以法情。情非法也。法既無定。由情不一。不一之情所向殊塗。剛柔並馳華戎必同。是以長川浩漫。無當於此矣。平原遠陸。豈取於彼耶。舟車兩乘。何用不可。

論云。既不全同。又不全異。下棄妻孥。上廢宗祀。疑曰。若夫廢祀於上。不能絕棄於下。此自擬異入同。非同者之過也。寧可見犂牛不登宗廟之用。而永棄於牢餼之具耶。

論云。嗜慾之物。皆以禮伸。孝敬之典。獨以法屈。悖德犯順。曾莫之覺。疑曰。若悖德犯順。無施而可。慈敬惠和。觸地而通。是以損膳行道。非徵凶之宅。服冕素餐。非養正之方。屈伸之望。可相絕於此矣。

論云。理之可貴者道也。事之可賤者俗也。今捨華效夷。義將安取。若以其道耶。道固符合矣。若以其俗耶。俗則天乖矣。疑曰。至道虛通。故不爵而尊。俗無不滯。故不黜而賤。賤者不能無累。尊者自然天足。天足之境。既符。俗累之域亦等。道符累等。又誰美誰惡。故俱是聖化。唯照所惑。惑盡明生。則彼我自忘。何煩遲遲捨效之際，耿介於華夷之間乎。

論云：無生之教賒，無死之化切。切法可以進謙弱，賒法可以退夸强。疑曰：無生即無死，無死即無生，名反實合，容得賒切之別耶？若以跡有差降，故優劣相懸者，則宜以切抑强，以賒引弱。故孔子曰：求也退，故進之；由也兼人，故退之。致教之方，不其然乎。

論云：佛教文而博，道教質而精。精非麤人所信，博非精人所能。疑曰：夫博聞强識，必緣照遠廣；敦修善行，必因理入微。照明則理無不精，理精則明無不盡。然則精博同功，相爲利用。博猶精也，豈麤人所能信？精猶博也。豈弘通所獨闕。

論云。佛言華而引。道言實而析。析則明者獨進。引則昧者競前。疑曰。夫華不隔理。則爲達鑒所陶。實未居虛。故爲鑽賞所業。陶業有序者。爲質昧耶。爲待明耶。若其質昧。則明不獨進。若必待明。則昧不獲前。若明昧俱得。何須抑引。妙況難章。所宜更辯。

論云。佛經繁而顯。道經簡而幽。幽則妙門難見。顯則正路易遵。遵正則歸塗不迷。見妙則百慮咸得。疑曰。簡則易從。云何難見。繁則難理。豈得易遵。遵正則歸塗不迷。可以階道之極。雖非幽簡。自然玄造。何假難明之術代茲易曉之路哉。

論云。若殘忍剛愎。則師佛爲長。慈柔虛受。則服道爲至。疑曰。夫邪見枉道。法所不存。慈悲喜捨。是所漸錄。喜則能受。捨亦必虛。虛受之義。甯然復會。未知殘愎之人。更依何法。若謂所受者異。則翻成刻船。何相符之有乎。

論云。佛是破惡之方。道是興善之術。又以中夏之性。不可傚西戎之法。疑曰。興善之談美矣。勿傚之誨。意所未安。請問中夏之性。與西戎之人。爲夏性純善。戎人根惡。如令根惡。則於理何破。使其純善。則於義何興。故知有惡可破。未離於善。有善可興。未免於惡。然則善惡參流。深淺互列。故羅雲慈惠。非假東光。桀跖凶虐。豈鍾西氣。何獨高華之風。鄙戎之法耶。若以此善異乎彼善。彼惡殊乎此惡。則善惡本乖。寧得同致。

論云。蹲夷之儀。婁羅之辯。猶蟲讙鳥聒。何足述傚。疑曰。夫禮以伸敬。樂以感和。雖敬由禮伸。而禮非敬也。和因樂感。樂非和也。故上安民順。則玉帛停筐。風湣俗泰。則鍾鼓輟響。又鍾帛之運。不與二儀並位。蓋以拯頓權時。不得已而行耳。然則道義所存。無係形容。苟造其反。不嫌殊同。今祇蹲虔跪。孰曰非敬。敬以伸心孰曰非禮。禮敬玄符。如何徒捨。含識之類。人標其所貴。貴不在言。言存貴理。是以麟鳳懷仁。見重靈篇。猩猩能語。受蚩禮章。未知之所論義將何取。若執言捐理。則非知者所據。若仗理忘言。則彼以破相明宗。故李叟之常。非名欲所及。維摩靜默。非巧辨所追。檢其言也。彼我俱遣。尋其旨也。老釋無際。俱遣則濡沫可遣。無際則不負高貴。何乃遠望般若。名非智慧。便相挫蹶。比類蟲鳥。研復逾日。未愜鄙懷。且方俗殊韻。豈專胡夏。近唯中邦。齊魯不同。權輿俶落。亦古今代述。以其無妨指錄。故傳授世習。若其非也。則此未爲是如。其是也。則彼不獨非。既未能相是。則均於相非。想茲漢音流入彼國。復受蟲諠之尤。鳥聒之誚。婁羅之辯。亦可知矣。一以此明。莛楹可齊。兩若兼除。不其通乎。夫義奧淵微。非所宜參。誠欲審方玄匠。聊伸一往耳。傾心遙佇。遲聞後裁。

駮顧道士夷夏論 并書

宋釋慧通

余端夏有隙。亡事忽景。披顧生之論。昭如發蒙。見辨異同之原。明是非之趣。辭豐義顯。文華情奧。每研讀忘倦。慰若萱草。真所謂洪筆君子。有懷之作也。然則察其指歸。疑笑良多。譬猶盲子採珠。懷赤菽而反以爲獲寶聾賓聽樂聞驢鳴而悅用爲知音斯蓋吾子夷夏之談以爲得理其乖甚焉見論引道經益有昧如昔老氏著述文指五千其餘淆雜並淫謬之說也而別稱道經從何而出旣非老氏所創寧爲眞典庶更三思儻袪其惑

論云孔老非佛誰則當之道則佛也佛則道也以斯言之殆迷厥津故經云摩訶迦葉彼稱老子光淨童子彼名仲尼將知老氏非佛其亦明矣實猶吾子見理未弘故有所固執然則老氏仲尼佛之所遣且宣德示物禍福而後佛教流焉然夫大道難遵小成易

習。自往古而致歎。非來今之所慨矣。老氏著文五千。而穿鑿者眾。或述妖妄以迴人心。或傳淫虐以振物性。故爲善者寡。染惡者多矣。僕謂搢紳之飾。罄折之恭。殯葬之禮。斯蓋大道廢之時也。仁義所以生。孝敬所以出矣。智欲方起。情僞日滋。聖人因禁之以禮教。制之以法度。故禮者忠信之薄。取亂之首也。既失無爲而尚有爲。寧足加哉。夫翦髮之容。狐蹲之敬。永沈之俗。僕謂華色之不足吝。貨財之不足守。亦已信矣。老氏謂五色所以令人目盲。多藏必之後失。故乃翦髮玄服。捐財去世。讓之至也。是以泰伯無德。孔父嘉焉斯其類矣夫胡跪始自天竺而四方從之天竺天地之中佛教所出者也斯乃大法之整肅至教之齊嚴吾子比之狐蹲厥理奚徵故夫凶鬼助惡強魔毀正子之謂矣譬猶持瓢以減江海側掌以蔽日月不能損江海之泉掩日月之明也至夫太古之初物性猶湻無假禮教而能緝正弗施刑罰而自治死則葬之中野不封不樹喪制無期哀至便哭斯乃上古之湻風良足效焉子欲非之其義何取又道佛二教喻之舟車夫有識聞之莫不莞爾而笑僕謂天道弗言聖人無心是以道由人弘非道弘人然則聖人神鑒

靡所不通。智照寧有不周。而云指其專一。不能兼濟。譬猶靈暉朝覯。稱物納照。時風夕灑。程形賦音。故形殊則音異。物異則照殊。日不爲異物而殊照。風不爲殊形而異音。將知其日一也。其風一也。稟之者不同耳。吾子以爲舟車之喻。義將焉允。然夫大教無私。至德弗偏。化物共旨。導人俱致。在戎狄以均響。處胡漢而同音。聖人寧復分地殊教。隔寓異風。豈有夷耶。寧有夏耶。昔公明儀爲牛彈清角之操。伏食如故。非牛不聞。不合其耳也。轉爲蚉虻孤犢之聲。於是奮耳掉尾。蹀躞而聽之。今吾子所聞者。蓋蚉虻之音也。夷夏之別。斯旨何在。又云。下棄妻孥。上廢宗祀。嗜欲之物。皆以禮伸。孝敬之典。獨以法屈。夫道俗有晦明之殊。內外有語默之別。至於宗廟享祀。禘祫皇考。然則孝敬之至。世莫加焉。若乃煙香夕臺。韻法晨宮。禮拜懺悔。祈請無輟。上逮歷劫親屬。下至一切蒼生。若斯孝慈之弘大。非愚瞽之所測也。夫國資民爲本。君恃民而立。國之所以寧。乃民之力也。推如來談。似爲空設。又云。刻船桑門。守株道士。空爭大小。互相彈射。披撫華論。深釋久滯。尋文求義。於何允歸。夫外道淫奔。彌齡積紀。沈晦弗遷。淪惑寧反。遊涉墟鄉。泛越鄽落。公因聖術。私行淫亂。得道如之何。斯可恥。昔齊人好獵。家貧犬鹿。窮年馳騁。不獲一獸。於是退而歸耕。今吾子有知歸耕得算。又云。大道旣隱。小成互起。辯訥相傾。孰與正之。夫正道難毀。邪理易退。譬若輕羽在高。遇風則飛。細石在谷。逢流則轉。唯泰山不爲飄風所動。磐石不爲疾流所迴。是以梅李見霜而落葉。松柏歲寒之不彫。信矣。夫姪妖之術。觸正便挫。子爲大道。誰爲小成。想更論之。然後取辯。若夫顏回見東野之馭。測其將敗。子貢觀邾魯之風。審其必亡。子何無知。若斯之甚。故標愚智之別。撰賢鄙之殊。聊舉一隅示子。竺能三反。又云。泥洹仙化各是一術。佛號正真道稱正一。一歸無死真會無生。無生之教賒。無死之教切。斯蓋吾子聰辯能言。鄙夫蔑以如之。然則泥洹滅度之說。著乎正典。仙化入道之唱。理將安附。老子云。生生之厚。必之死地。又云天地所以長久者。以其不自生也。夫忘生者生存。存生者必死。子死道將屆。故謂之切。其殊切乎。諺曰。指南爲北。自謂不惑。指西爲東。自謂不蒙。子以必死爲將生。其何反如之。故潛居斷糧以修仙術。僕聞老氏有五味之戒。而無絕穀之訓矣。是以蟬蛾不食。君子誰重。蛙蟒穴藏。聖人何貴。

且自古聖賢莫不歸終。吾子獨云不死。何斯濫乎。故
舜有蒼梧之墳。禹有會稽之陵。周公有改葬之篇。仲
尼有兩楹之夢。曾參有啟足之辭。顏回有不幸之歎。
子不聞乎。豈謬也哉。昔者有人未見麒麟。問嘗見者
曰。麟何類乎。答曰。麟如麟也。問者曰。若嘗見麟。則不
問也。而云麟如麟。何耶。答云。麟麏身牛尾鹿蹄馬背。
問者乃曉然而悟。今吾子欲見麟耶。將不見告。又云。
道經簡而幽。幽則妙門難見。僕謂老教指乎五千。過
斯已外。非復眞籍。而道文重顯。愈深。疑怪多是虛託
妍辭。空稱麗句。譬周人懷鼠以貿璞。鄭子觀之而且

退斯之謂矣尋此而言將何克允又云殘忍剛愎則師佛爲長慈柔虚受則服道爲至矣故老子云强梁者不得其死吾將以爲學文故人所以敷行誡籍顯著文教將爲愚瞽之故非爲賢哲之施矣違之者必凶順之者必吉夫强梁剛愎之人下愚之類也大教慈愍方便爲之將非虚耶學文耶慈柔虚受僕謂宜空談今學道反之陳黄書以爲眞典佩紫籙以爲妙術士女無分閨門混亂或服食以祈年長或婬姣以爲瘳疾慈柔之論於焉何託又道迹密而微利用在己故老子云吾所以有大患者爲吾有身也及吾無

身吾又有何患。老氏以身爲大患。吾子以軀爲長保。何其乖之多也。夫後身而身先。外身而身存。惟云在己。未知此談以何爲辯。又云。婁羅之辯各出彼俗自相領解。猶蟲諠鳥聒。何足述效。僕謂餌辛者不知辛之爲辛。而無義於甜香。悅臭者不覺臭之爲臭。而弗耽椒蘭。猶吾子淪好淫僞。寧有想於大法。夫聖教妙通。至道淵博。既不得謂之爲有。亦不得謂之爲無。無彼我之義。並異同之說矣。夫言猶射也。若筈之離弦。非悔恨所及。子將慎言乎。而云蟲諠鳥聒。意則何依。近者孫子猖狂。顯行無道。妖婬喪禮。殘逆廢義。賢士同志而已。愚夫輒爲迴心。姦儔盈室。惡侶塡門。墟邑有痛切之悲。路陌有罹苦之怨。夫天道損盈。鬼神福謙。然後自招淪喪。

戎華論折顧道士夷夏論　宋釋僧愍

昔維摩者。內乘高路。功亮事外。龍隱人間。志揚淵海。神灑十方。理正天下。故乃跡臨西土。協同幽唱。若語其靈變也。則能令乾坤倒覆。促延任意。若語其眞照也。則忘慮而幽凝言絕者也。如此之人。可謂居士。未見君稱居士之意也。君今七慢之岳未摧。五欲之谷未塡。慧陽之日未曜。無明之雲未晴。永冥之風未息。

夜遊之迷未旋。君既解猶常品。而山號居士平。貧道遙餐器量。知君未堪斯據。然此雖大法之淺號。而亦未易可當矣。省君夷夏論意。亦具照來心。貧道踐學天壇。希囑茲況。而此所論者。才無玩文之麗。識無鑒幽之效。照無寸光。澤無露潤。萬塗斯闕。有何義哉。而復內秉茫思。獲心闇計。輕弄筆墨。仰卜聖旨。或混道佛合同。或論深淺爲異。或說神邦優劣。或毀清正賓實。夫苦李繁子而枝折。欒大謬唱而受梟。此皆是上世之成制。後賢之殷鑒矣。今將示君道佛之名義異也。夫佛者是正靈之別號。道者是百路之都名。老子者是一方之哲。佛據萬神之宗。道則以仙爲貴。佛用漏盡爲研。仙道有千歲之壽。漏盡有無窮之靈。無窮之靈。故妙絶杳然。千歲之壽。故乘龍御雲。御雲乘龍者。生死之道也。杳然之靈者。常樂永淨也。若斯者。故能璇璣並應。跡臨王城。宮疎遶闕。細委重軒。故放彼萬國。誓越三空。龍飛華館。整駕道場。於是初則唱於鹿苑。次則集於天宮。中則播於靈鷲。後則扇於熙連。故乃巨光遐照。白日寢暉。華軒四蓋。梵駕天垂。九天齊歌。羣仙悟機。敢預有緣。莫不雲會歸焉。唯有周皇邊霸。道心未興。是以如來使普賢威行西路。三賢並導東都。故經云。大士迦葉者老子其人也。故以詭教五千。翼匠周世化緣既盡迴歸天竺。故有背關西引之邈。華人因之作化胡經也。致令寡見之眾詠其華焉。君未詳幽旨。輒唱老佛一人乎。聞大聖現儒林之宗。便使周孔莊老斯皆是佛。若然者。君亦可即老子耶。便當五道羣品無非是佛。斯則是何言歟。眞謂夸父逐日。必渴死者也。君言夷夏論者。東有驪濟之醜。西有羌戎之流。北有亂頭被髮。南有翦髮文身。姬孔施禮於中。故有夷夏之別。戎華者。東則盡於虛境。西則窮於幽鄉。北則逾於溟表。南則極乎牢闥。如來扇化中土。故有戎華之異也。君責以中夏之性效西戎之法者。子出自井坎之淵。未見江湖之望矣。如經曰。佛據天地之中。而清導十方。故知天竺之土是中國也。周孔有雅正之制。如來有超俗之憲。雅正制。故有異於四夷。超俗憲。故不同於周孔。制及四夷。故八方推德。憲加周孔。故老子還西。老子還西。故生其羣戎。四夷推德。故踰增其迷。夫正禮叵易。眞法莫移。正禮叵易。故泰伯則於吳越而整服。眞法莫移。故佛教則東流而無改。緣整服。故令裸壤斷裳。法無改。故使漢賢落髮。斷裳。故使形逼中夏。落髮。故使仰齊西風。形逼中夏故使山藏而空慢遠齊西風故使近見者莫不信也若謂聖軌無定應隨方異者泰伯亦可祼步江東君今亦可朱服裳也故雖復方類不同聖法莫異君言義將安取者謂取正道也於是道指洞玄爲正佛以空空爲宗老以太虛爲奧佛以即事而淵老以自然而化佛以緣合而生道以符章爲妙佛以講導爲精太虛爲奧故有中無無矣即事而淵故觸物斯奧矣自然而化故胥堂莫登矣緣合而生故尊位可升矣符章爲妙故道無靈神矣講導爲精故研尋聖心矣有中無無故道則非大也觸物斯奧故聖路

遐曠也。霄堂莫登故云云徒勞也。尊位可升故智士亡身也。道無靈神故傾顏何求也。研尋聖心故沙門雲興也。爾乃故知道經則少而淺。佛經則廣而深。道經則尠而穢。佛經則弘而清。道經則濁而漏。佛經則素而貞。道經則近而闇。佛經則遠而明。君染服改素。實參高風也。首冠黃巾者卑鄙之相也。皮革苫頂者眞非華風也。販符賣籙者天下邪俗也。搏頰扣齒者倒惑之至也。反縛伏地者地獄之貌也。符章合氣者姦狡之窮也。斯則明闇已顯。眞僞已彰。君可整率匹侶。迴涉清衢。貧道雅德內顧。同奉聖眞。豈有惡乎。想必不逆。允於往示耳。

弘明集卷第七

音釋

跽音技長跪也　窅伊鳥切音杳深目也　餼於既切音欲饋餉也又牲生曰餼　莛音廷莖也又屋梁也　蹀躞音牒燮馬行貌　挫祖臥切同剉折傷也　麏居筠切音頵鹿屬　姣音狡美也媚也　頰古協切音莢面旁也

弘明集卷第八

梁楊都建初寺釋僧祐集

辯惑論 并序

釋玄光

夫大乎遐邈。萬化無際。塵遊夢境。染惑聲華。緣想增靄。奚識明政。由渻風漓薄。使眾魔紛競矣。若矯詐謀榮。必行五逆。威强導蒙。必施六極。蟲氣霾滿。致患非一。念東吳遭水仙之厄。西夷載鬼卒之名。閩藪留種民之穢。漢葉感思子之歌。忠賢撫歎。民治淩歇。攬地沙草。穿數其罪。涓流末學。莫知宗本。世教訛辭。詭蔽三寶。老鬼民等。詠嗟盈路。皆是炎山之煨燼。河雒之

渣穇。淪滑險難。余甚悼焉。聊詮往迹。庶鏡未然。昭迷
童於互鄉。顯妙趣於塵外。休風冥被。彼我情判。豈是
言聲所能攄寫。

禁經上價一逆

夫言籍雲舒。貫空有之美。聖賢功績。何莫由斯。實學
者之淵海。生民之日月。所以波崙菩薩慈悲等照。震
電光於冥塗。弭魔賊於險澤。汎靈舟於信風。接浮生
於苦海。聞道諸經製雜凡意。敎迹邪險。是故不傳。怪
哉道化。空被禁錮。觀今學者不顧嚴科。但得金帛便
與其經。貧者造之。至死不覩。貪利無慈。逆莫過此。又

其方術穢濁不清。乃扣齒爲天鼓。咽唾爲醴泉。馬屎爲靈薪。老鼠爲芝藥。資此求道。焉能得乎。昔秦皇漢武。不獲輕身。使徐福公孫。遠冥雲波。祈候通仙。影響無陳。夫閑心祛欲。則事與道鄰。豈假驟涉之勞。咽唾磕齒者乎。

妄稱眞道二逆

夫質懋纁霞者。言神丹之功。開明淨智者。必藹花之氣。雖保此爲眞。而未能無終。況復張陵妄稱天師。既侮慢人鬼。卽身受報。漢興平末。爲蟒蛇所噏。子衡奔尋無處。畏負淸議之報譏。乃假設權方。以表靈化之迹。生麋鶴足。置石崖頂。謀事辦畢。剋期發之。到建安元年。遣使告曰。正月七日。天師昇玄都。米民山獠蟻集闉外。雲臺治民等。稽首再拜。言伏聞聖駕玄都。臣等長辭蔭接。尸塵方享。九幽方夜。銜入久之。乃出詭稱曰。吾旋駕辰華。爾各還所治。淨心持行。存師念道。銜便竄抽遊胥。鶴直銜虛空。民獠愚戇。僉言登仙。販死利生。欺罔天地。

合氣釋罪三逆

夫滅情去欲。則道心明眞。羣斯班姓。妄造黃書。呪癩無端。以伏輕誚。呪曰。天道畢。三五成。日月明。出窈窈。入冥冥。氣入眞。氣通神。氣布。道氣行。

姦邪鬼賊皆消亡。視我者盲。聽我者聾。敢有謀圖我者反受其殃。我吉而彼凶。至甲子。詔冥醮錄。男女媟合。尊卑無別。吴陸修靜復勤勤行此。乃開命門。抱眞人嬰兒。迴戲龍虎。作如此之勢。用消災散禍。其可然乎。其可然乎。漢時儀君行此爲道。鯱魅亂俗。被斥燉煌。後至孫恩。佚蕩滋甚。士女溷漫。不異禽獸。夫色塵易染。愛結難消。況交氣丹田。延命仙穴。肆兵過玉門之禁。變態窮龍虎之勢。生無忠貞之節。死有青庭之苦。誠願明天。檢鏡斯輩。物我端清。莫負冥詔。

俠道作亂四逆

夫眞宗難曉。聲華易惑。緣累重淵獄。德輕風露。如黃巾等爲望漢室反易天明罪悉伏誅次有子魯復稱鬼道神祇不佐爲野麋所突末後孫恩復稱紫道不以民賤之輕欲圖帝貴之重作雲響於幽寶發妄想於空玄水仙藏物枉殺老稚破國壞民豈非凶逆是以宋武皇帝惟之慨然乃龍飛千里虎步三江掩撲羣妖不勞浹辰含識懷懽草木春光

章書代德五逆

夫至化餘塵不可誣蔽詮諡靈魄務依明德道無眞體妄逐妖空輒言東行醉酒沒故如此頑嚚寧非陋僻又遷達七祖文意淺薄乞免擔沙石長作道鬼夫

聖智窮微。有念斯照。何煩祭酒。橫費紙墨。若必須辭訴。然後判者。始知道君無玄鑒之能。天曹無天眼之照。三官疲於謹案。伺吏勞於討捕。聞其奏章。本擬急疾。而戊辰之日。上必不達。不達太上。則生民枉死。嗚呼哀哉。實爲五逆。

畏鬼帶符妖法之極一

夫眞心履順者。妖忤革其氣。是以至聖高賢。無情於萬化。故能洞遊金石。臥宿煙霞。此純誠感通。豈佩帶使然哉。其經辭致。媿慢鬼弊云。左佩太極章。右佩昆吾鐵。指日則停暉。擬鬼千里血。若受黃書赤章。言卽是靈仙。硍屐入靖。不朝太上。至於使六甲神而跪拜圊厠。如郭景純亦云。仙流登清度厄。竟不免災愚癡顛倒。豈識儀節。聞其著符昔時。軍標張角黃符。子魯戴絳盧悚紫標。孫恩孤虛。並矯竊王師。終滅人鬼。

制民課輸欺巧之極二

夫五斗米敎。出自天師。後生邪濁。復立米民。世人厭畏。是以子明杜恭。俱困魔蟒。又塗炭齋者。事起張魯。氏夷難化。故制斯法。乃驢輾泥中。黃鹵泥面。擿頭懸柳。埏埴使熟。此法指在邊陲。不施華夏。至義熙初。有王公。其次貪寶憚苦。竊省打拍。吳陸修靜甚知源僻。

猶埿揆頷懸縻而已。癡僻之極。幸勿言道。

解廚纂門不仁之極三

夫開闢大施。與物通美。左道餘氣。乃纂門解廚。矜身與食。懷咜班之態。昔張子魯漢中解福。大集祭酒及諸鬼卒。鬼卒鬼民鬼吏鬼道。此是子魯輕於氐夷。作此名也。又天師係師嗣師及三女師。此是張魯自稱美也。又道姑道男冠女官道父道母神君種民。此是合氣之後贈物名也。又米民米性都功祭酒。此是荒時撫化名也。又貧道三洞法師長安僧禕作此名也。又先生道民仙公王秣陵縣民王靈期作也。又道士蟻賊制酒米賊。此是世人之所目也。又法師都講侍經者。是陸修靜傍佛依世制此名也。又天公地公及稱臣妾。太平之道。五斗米道。大道紫道鬼神師若仙。此作賊時假威名也。又膠東欒大拜五利將軍。雖有茅土。而無臣節。漢武之末不復稱之也。酣進過常。遂致訾逸。醜聲遐布遠達岷方劉璋敎曰夫靈仙養命猶節松霞而厚身嗜味奚能尙道子魯聞之憤恥意深罰其掃路世傳道士後會舉標以防斯難兼制廚令酒限三升漢末已來謂爲制酒至王靈期削除疊目先生道民並其賑錫雖有五利之貴更爲妖物之名

度厄苦生虛妄之極四

夫質危秋蔕命薄春氷業風吹蕩蓬迴化境所以景公任於緣命孫子記爲行尸迷徒湫學不識大方至有疾病衰禍妄甚妖祟之原淵鬼鸓以爲災渡危厄於遐川詹鈞星於懸溜雪丹章於華山乃甓蘁眉貌

謑詬冥鬼云。三官使者。已送光歸。逝者故然。空喪辭貨。斯實祭酒規巾糈之利。蠹食百姓。公私並損。致使火宅驚於至聖。歸歌動於人思矣。

夢中作罪頑癡之極五

夫天屬化始。乃識照爲原。棄捨身命。草木非數。然大地丘山。莫非我故塵。滄川淵漫。皆是我淚血。以此而觀。誰非親友。或夢見先亡。輒云變怪。夫人鬼雖別。生滅固同。恩愛之情。時復影響。羣邪無狀。不識逆順。召食鬼吏兵。奏章斷之。割截幽靈。單心誰照。幸願未來。勿尙迷言。使天堂無輟食之思。冰河靜災念之聲。

輕作寒暑凶佞之極六

夫淵默心口者。萬行之眞德。而塵界衆生。卒無慈愛。虓凶邪佞。符章競作。懸門貼戶。以誑愚俗。高賢有識。未之安也。造黃神越章。用持殺鬼。又制赤章。用持殺人。趣悅世情。不計殃罪。陰謀懷嫉。經有舊準。死入鐵鉗火獄。生出鴟鴞。瘖瘂。精骸惛朽。淪離永劫。誰知斯乎。老鬼民輩。道相不然。事之宜質。夫諫刺雖苦。智者甘聞。故略致言。幸試三思。能拂迹改圖。即與大化同風矣。旦其不革。請俟明德。備照聾曲。以曉長夜。豈是今日弱辭所陳哉。

滅惑論

梁劉勰

或造三破論者。義證庸近。辭體鄙拙。雖至理定於深識。而流言惑於淺情。委巷陋說。誠不足辨。又恐野聽將謂信然。聊擇其可採。略標雅致。

三破論云。道家之教。妙在精思得一。而無死入聖。佛家之化。妙在三昧神通。無生可冀。銘死爲泥洹。未見學死而不得死者也。滅惑論曰。二教眞僞。煥然易辨。夫佛法練神。道教練形。形器必終。礙於一垣之裏。神識無窮。再撫六合之外。明者資於無窮。教以勝慧。闇者戀其必終。誑以仙術。極於餌藥。慧業始於觀禪。禪練眞識。故精妙而泥洹可冀。藥駐僞器。故精思而翻騰無期。若廼棄妙寶藏。遺智養身。據理尋之。其僞可知。假使形翻無際。神闇鳶飛戾天。寧免爲鳥。夫泥洹妙果。道惟常住。學死之談。豈析理哉。

三破論云。若言太子是教主。主不落髮。而使人髡頭。主不棄妻。使人斷種。實可笑哉。明知佛教是滅惡之術也。伏聞君子之德。身體髮膚。受之父母。不敢毀傷。孝之始也。滅惑論曰。太子棄妻落髮。事顯於經。而反白爲黑。不亦罔乎。夫佛家之孝。所包葢遠。理由乎心。無繫於髮。若愛髮棄心。何取於孝。昔泰伯虞仲。斷髮文身。夫子兩稱至德中權。以俗內之賢。宜修世禮。斷髮讓國。聖哲美談。況般若之教。業勝中權。菩提之果。理妙克讓者哉。理妙克讓。故捨髮取道。業勝中權。故棄迹求心。準以兩賢。無缺於孝。鑒以聖境。夫何怪乎。

第一破曰。入國而破國者。誑言說僞。興造無費。苦剋百姓。使國空民窮。不助國生人減損。況人不蠶而衣。不田而食。國滅人絕。由此爲失。日用損費。無纖毫之益。五災之害。不復過此。滅惑論曰。大乘圓極。窮理盡妙。故明二諦以遣有。辨三空以標無。四等弘其勝心。六度振其苦業。誑言之訕。（一作詘）豈傷日月。夫塔寺之興闡揚靈教。功立一時。而道被千載。昔禹會諸侯。玉帛萬國。至於戰伐。存者七君。太始政皇。民戶殷盛。赤眉兵亂。千里無煙。國滅人絕。寧此之由。亥嬰之時。石穀十萬。景武之世。積粟紅腐。非秦末多沙門。而漢初無佛法也。驗古準今。何損於政。

第二破曰。入家而破家。使父子殊事。兄弟異法。遺棄二親。孝道頓絕。憂娛各異。歌哭不同。骨血生讎。服屬永棄。悖化犯順。無昊天之報。五逆不孝。不復過此。滅惑論曰。夫孝理至極。道俗同貫。雖內外跡殊。而神用一揆。若命綴俗因。本修教於儒禮。運稟道果。固弘孝於梵業。是以諮親出家。法華明其義。聽而後學。維摩標其例。豈忘本哉。有由然也。彼皆照悟神理。而鑒燭人世。過駟馬於格言。逝川傷於上哲。故知瞬息盡養。則無濟幽靈。學道拔親。則冥苦永滅。審妙感之無差。辨勝果之可必。所以輕重相權。去彼取此。若乃服制所施。事由追遠。禮雖因心。抑亦沿世。昔三皇至治。堯舜所慕。死則衣之以薪。葬之中野。封樹弗修。苴斬無紀。豈可謂三皇教民棄於孝乎。爰及五帝。服制煥然。未聞堯舜執禮。追責三皇。三皇無責。何獨疑佛。佛之無服。理由拔苦。三皇廢喪。事沿淳樸。淳樸不疑。而拔苦見尤。所謂朝三暮四而喜怒交設者也。明知聖人之教。觸感圓通。三皇以淳樸無服。五帝以沿情制喪。釋迦拔苦故棄俗反眞。檢迹異路而玄化同歸。

第三破曰。入身而破身。人生之體。一有毀傷之疾。二有髡頭之苦。三有不孝之逆。四有絕種之罪。五有亡體從誡。唯學不孝。何故言哉。誡令不跪父母。便競從之。兒先作沙彌。其母後作阿尼。則跪其兒。不禮之教。中國絕之。何可得從。滅惑論曰。夫棲形稟識。理定前業。入道居俗。事繫因果。是以釋迦出世。化洽天人。御國統家。並證道跡。未聞世界。普同出家。良由緣感不一。故名教有二。搢紳沙門所以殊也。但始拔塵域。理由戒定。妻者愛累。髮者形飾。愛累傷神。形飾乖道。所以澄神滅愛。修道棄飾。理出常均。教必翻俗。若乃不跪父母。道尊故也。父母禮之。尊道故也。禮新冠見母。其母拜之。喜其備德。故屈尊禮卑也。介冑之士。見君不拜。重其秉武。故尊不加也。緇弁輕冠。本無神道。介冑凶器。非有至德。然事應加恭。則以母拜子。勢宜停敬。則臣不跪君。禮典世教。周孔所制。論其變通。不由一軌。況佛道之尊。標出三界。神教妙本。羣致玄宗。以此加人。實尊冠冑。冠冑及禮。古今不疑。佛道加敬。將

欲何怪

三破論云佛舊經本云浮屠羅什改爲佛徒知其源惡故也所以詺爲浮屠胡人凶惡故老子云化其始不欲傷其形故髡其頭名爲浮屠況屠割也至僧禕後改爲佛圖本舊經云喪門喪門由死滅之門云其法無生之教名曰喪門至羅什又改爲桑門僧禕又改爲沙門沙門由沙汰之法不足可稱滅惑論曰漢明之世佛經始過故漢譯言音字未正浮音似佛桑音似沙聲之誤也以圖爲屠字之誤也羅什語通華戎識兼音義改正三豕固其宜矣五經世典學不因

譯而馬鄭注說音字互改是以於穆不祀謬師資於周頌允塞安安乖聖德於堯典至教之深寧在兩字得意忘言莊周所領以文害志孟軻所譏不原大理唯字是求宋人申束豈復過此

三破論曰有此三破之法不施中國本止西域何言之哉胡人無二剛强無禮不異禽獸不信虛無老子入關故作形像之教化之又云胡人麤獷欲斷其惡種故令男不娶妻女不嫁夫一國伏法自然滅盡滅惑論曰雙樹晦跡形像代興固已理精無始而道被無窮者矣案李叟出關運當周季世閉賢隱故往而

忘歸。接輿避世猶滅其迹。況適外域孰見其蹤。於是姦猾祭酒。造化胡之經。理拙辭鄙。厮隸所傳。尋西胡怯弱。北狄凶熾。若老子滅惡。棄德用刑。何愛凶狄。而反滅弱胡。遂令獫狁橫行毒流萬世。豺狼當路。而狐貍是誅。淪滑爲酷。覆載無聞。商鞅之法。未至此虐。伯陽之道豈其然哉。且未服則設像無施。信順則孥戮可息。既服教矣。方加極刑。一言失道。衆僞可見。東野之語。其如理何。

三破論云。蓋聞三皇五帝三王之徒。何以學道並感應。而未聞佛教。爲是九皇忽之。爲是佛教未出。若是佛教未出。則爲邪僞。不復云云。滅惑論曰。神化變通。教體匪一。靈應感會。隱現無際。若緣在妙化。則菩薩弘其道。化在麤緣。則聖帝演其德。夫聖帝菩薩。隨感現應。殊教合契。未始非佛。固知三皇已來。感滅而名隱。漢明之教。緣應而像現矣。若迺三皇德化。五帝仁教。此之謂道。似非太上。羲農敷治。未聞奏章。堯舜緝政。寧肯書符。湯武抒暴。豈當餌丹。五經典籍。不齒天師。而求授聖帝。豈不悲哉。

三破論云。道以氣爲宗。名爲得一。尋中原人士。莫不奉道。今中國有奉佛者。必是羌胡之種。若言非耶。何以奉佛。滅惑論曰。至道宗極理歸乎一。妙法眞境本固無二。佛之至也則空玄無形而萬象並應。寂滅無心。而玄智彌照。幽數潛會莫見其極。冥功日用靡識其然。但言萬象既生。假名遂立。梵言菩提漢語曰道。其顯跡也則金容以表聖。應俗也則王宮以現生。拔愚以四禪爲始。進慧以十地爲階。總龍鬼而均誘。涵蠢動而等慈。權教無方。不以道俗乖應。妙化無外豈以華戎阻情。是以一音演法殊譯共解。一乘敷教異經同歸。經典由權故孔釋教殊而道契。解同由妙故梵漢語隔而化通。但感有精麤。故教分道俗。地有東西故國限內外其彌綸神化陶鑄羣生無異也固能拯拔六趣總攝大千道惟至極法惟最尊然至道雖一歧路生迷九十六種俱號爲道聽名則邪正莫辨驗法則眞僞自分案道家立法厥品有三上標老子次述神仙下襲張陵太上爲宗尋柱史嘉遯實惟大賢著書論道貴在無爲理歸靜一化本虛柔然而三世弗紀慧業靡聞斯迺導俗之良書非出世之妙經也若乃神仙小道名爲五通福極生天體盡飛騰神通而未免有漏壽遠而不能無終功非餌藥德沿業修於是愚狡方士僞託遂滋張陵米賊述記昇天葛

玄野暨著傳仙公。愚斯惑矣。智可罔與。今祖述李叟。則教失如彼。憲章神仙。則體劣如此。上中爲妙。猶不足算。況效陵魯醮事章符。設教五斗。欲拯三界。以蚊負山。庸詎勝乎。標名大道。而教甚於俗。舉號太上。而法窮下愚。何故知耶。貪壽忌夭。含識所同。故肉芝石華。譎以翻騰。好色觸情。世所莫異。故黃書御女。誑稱地仙。肌革盈虛。羣生共愛。故寶惜涕唾。以灌靈根。避災苦病。民之恆患。故斬縛魑魅。以快愚情。憑威恃武。俗之舊風。故吏兵鉤騎。以動淺心。至於消災淫術。厭勝姦方。理穢辭辱。非可筆傳。事合氓庶。故比屋歸宗。

是以張角李弘毒流漢季。盧悚孫恩亂盈晉末。餘波所被。實蕃有徒。爵非通侯。而輕立民戶。瑞無虎竹。而濫求租稅。糜費產業。蠱惑士女。運迍則歘國。世平則蠹民。傷政萌亂。豈與佛同。且夫涅槃大品。寧比玄妙上清。金容妙相。何羨鬼室空屋。降伏天魔。不慕幻邪之詐。淨修戒行。豈同畢券之醜。積弘誓於方寸。孰與藏宮將於丹田。響洪鐘於梵音。豈若鳴天鼓於脣齒。校以形迹。精麤已懸。覈以至理。眞僞豈隱。若以麤笑精。以僞謗眞。是瞽對離朱曰我明也。

釋三破論十九條○本論道士假張融作　釋僧順

論曰。泥洹是死。未見學死而得長生。此滅種之化也。

釋曰。夫生生之厚。至於無生。則張毅單豹之徒是其匹矣。是以儒家云。人莫不愛其死而患其生。老氏云。及吾無身。吾有何患。莊周亦自病痛其一身。此三者。聖達之流。叵以生爲患。夫欲求無生。莫若泥洹。泥洹者。無爲之妙稱。談其跡也。則有王宮雙樹之文。語其實也。則有常住常樂之說。子方輪迴五道。何由聞涅槃之要。或有三盲摸象。得象耳者。爭云象如簸箕。得象鼻者。爭云象如舂杵。雖獲象一方。終不得全象之實。子說泥洹是死。眞摸象之一盲矣。

論云。太子不廢妻。使人斷種。釋曰。夫聖實湛然。跡有表應。太子納妃於儲貳者。葢欲示人倫之道已足。遂能棄茲大寶。忽彼恩愛耳。至如諸天夕降。白驥飛城。十號之理斯在。何妻子之可有哉。且世之孥孺爲累最深。饑寒則生於盜賊。飽煖則發於驕奢。是以厲婦夕產。急求火照。唯恐似己。復更爲厲。凡夫之種。若厲產焉。經云。一切衆生皆有佛性。仰尋此旨。則是佛種。捨家從道。棄厲就佛。爲樂爲利。寧復是加。子迷於俗韻。滯於重惑。夢中之夢。何當曉哉。

論云。太子不剃頭。使人落髮。釋曰。在家則有二親之愛。出家則有嚴師之重。論其愛也。髮膚爲上。稱其嚴也。翦落爲難。所以就剃除而歡若。辭父母而長往者。蓋欲去此煩惱。卽彼無爲。髮膚之戀。尙或可棄。外物之徒。有何可惜哉。不輕髮膚。何以尊道。不辭天屬。何用嚴師。譬如喪服。出紹大宗。則降其本生。隆其所後。將使此子執人宗廟之重。割其歸顧之情。還本政自一朞。非恩之薄。所後頓伸三年。實義之厚。禮記云。出必降者。有愛我而厚其例矣。經云。諸天奉刀。持髮上天。不剃之談。是何言也。子但勇於穿鑿。怯於尋旨。相爲慨然。

論云。子先出家。母後作尼。則敬其子。失禮之甚。釋曰。出家之人。尊師重法。棄俗從道。寧可一槩而求。且太子就學。父王致敬。漢祖善嘉令之言。以太皇爲臣。魏之高貴。敬齊王於私室。晉之儲后。臣厥父於公庭。引此而判。則非疑矣。

論云。剃頭爲浮圖。釋曰。經云浮圖者。聖瑞靈圖浮海而至。故云浮圖也。吳中石佛汎海儵來。卽其事矣。今子毁圖像之圖。爲刑屠之屠。則泰伯端委而治。故無虧德。仲雍翦髮文身。從俗致化。遭子今日。必羅吠聲之尤。事有似而非。非而似者。外書以仲尼爲聖人。內經云。尼者女也。或有謂仲尼爲女子。子豈信之哉。猶如屠圖之相類。亦何以殊。

論云。喪門者。死滅之門也。釋曰。門者本也。明理之所出入。出入從本而興焉。釋氏有不二法門。老子有衆妙之門。書云禍福無門。皆是會通之林藪。機妙之淵宅。出家之人得其義矣。喪者滅也。滅塵之勞通神之解即喪門也。桑當爲乘字之誤耳。乘門者。即大乘門也。煩想既滅。遇物斯乘。故先云滅門。末云乘門焉。且八萬四千。皆稱法門。奚獨喪桑二門哉。

論云。胡人不信虛無。老子入關故作形像之化也。釋曰原夫形像始立非爲教本意當由滅度之後係戀罔已旃檀香像亦有明文且仲尼既卒三千之徒永言興慕以有若之貌最似夫子坐之講堂之上令其說法門徒諮仰與往日不殊曾參勃然而言曰子起此非子之座推此而談思仰可知也羅什法師生自殊方聰敏淵博善談法相襁負佛經流布關輔詮以眞俗二名驗以境照雙寂振無爲之高風激玄流於未悟所謂遣之至於無遣也子謂胡人不信虛無誠非篤論君子且强理有優劣不係形像子以形像而語不亦攻乎異端

論云。剃頭本不求佛。爲服凶胡。今中國人士。不以正神自訓。而取頑胡之法。釋曰。夫六戎五狄。四夷八蠻。不識王化。不聞佛法者。譬如畜生。事均八難。方今聖主隆三五之治。闡一乘之法。天人同慶。四海訢訢。蚑行喙息。咸受其賴。喘蠕之蟲。自云得所。子脫不自思。厝言云云。宜急緘其舌。亦何勞提耳。

論云。沙門者。沙汰之謂也。釋曰。息心達源。號曰沙門。此則練神濯穢。反流歸潔。即沙汰之謂也。子欲毀之。而義逾美。眞可仰之彌高。鑽之彌堅者也。

論云。入國破國。釋曰。夫聖必緣感。無往非應。結繩以後民澆俗薄。末代王教。挻揚堯孔。至如沙法所沾。固助俗爲化。不待刑戮而自湻。無假楚撻而取正。石主師澄而興國。古王諮勃以隆道。破國之文。從何取說。

論云。入家破家。釋曰。釋氏之訓。父慈子孝。兄愛弟敬。夫和妻柔。備有六睦之美。有何不善而能破家。唯聞末學道士。有赤章呪詛。發擿陰私。行壇被髮。呼天叩地。不問親疏。規相厭殺。此即破家之法矣。

論云。入身破身。釋曰。夫身之爲累。甚於桎梏。老氏以形骸爲糞土。釋迦以三界爲火宅。出家之士。故宜去奢華。棄名利。悟逆旅之難常。希寂滅之爲樂。流俗之徒反此以求全。卽所謂殺生者不死。生生者不生也。
近代有好名道士。自云神術過人。尅期輕舉。白日登
天。曾未數丈。横墜於地。迫而察之。正大鳥之雙翼耳。
眞所謂不能奮飛者也。驗滅亡於卽事。不旋踵而受
誅。漢之張陵。誣罔貢高。呼曰米賊。亦被夷翦。入身破
身。無乃角弓乎。
論云。歌哭不同者。釋曰。人哭亦哭。俗內之冥跡。臨喪
能歌。方外之坦情。原壤喪親。登木而歌。孔子過而不
非者。此亦是名教之一方耳。
論云。不朝宗者。釋曰。孔子云。儒有上不臣天子。下不

事公侯。儒者俗中之一物。尚能若此。況沙門者方外之士乎。昔伯成子高子州支伯。但希玄慕道。似不近屑八事。

論云。剃頭犯毀傷。釋曰。髮膚之解。具於前答。聊更略而陳之。凡言不敢毀傷者。正是防其非僻。觸冒憲司。五刑所加致有殘缺耳。今沙門者。服膺聖師。遠求十地。剃除鬚髮。被服法衣。立身不乖。揚名得道。還度天屬。有何不可。而入毀傷之義。守文之徒。未達文外之旨耳。輪扁尚不移術於其兒。子何言哉。

論云。出家者。未見君子。皆是避役。釋曰。噫唉。何子之難喻耶。左傳云言者身之文。莊周云。言不廣不足以明道。余欲無言其可得乎。夫出家之士。皆靈根宿固。德宇淵深湛乎斯照。確乎不拔者也。是以其神凝其心道。超然遐想宇宙不能點其胷懷。澹爾無寄塵垢何能攪其方寸。割慈親之重恩。棄房櫳之歡愛虛室生白。守玄行禪。或頭陀林野委身餧獸。或靜節蔬餐。精心無怠。將勤求十力。超登無上。解脫天羅。銷散地網。兆百福於未萌。濟蒼生於萬劫。斯實大丈夫之宏圖。非吾子所得聞也。避役之談。是何言歟。孔子頒喙三尺者。雖然出於口。終不以長舌犯人。則子之喙三尺矣何多口之爲累傷人之深哉。

論云三丁二出。一何無緣者。釋曰無緣即是緣無緣生。有緣即是緣有緣起。何以知其然耶。世有闔門入道。故曰緣有緣起。有生不識比丘者。故曰緣無緣生。十六王子同日出家。隨父入道。是則緣之所牽闔門頓至。何其宜出二之有哉。無緣者自就無緣中求反諸已而已矣。子方永墜無間。遑復論此。將不欲倒置干戈乎。若能反迷。殊副所望。

論云。道家之教。育德成國者。釋曰。道有九十六種。佛爲最尊。梵志之徒。蓋是培塿。假使山川之神能出雲兩者亦是有國有家之所祀焉其云育德成國不無多少但廣濟無邊永拔塗炭我金剛一聖巍巍獨雄夫太極剖判之初已自有佛但于時衆生因緣未動故宜且昧名稱何以言之推三皇已上何容都無禮易則乾坤兩卦履豫二爻便當與天地俱生雖曰俱生而名不俱出者良由機感不發施用未形其理常在其跡不著耳中外二聖其揆一也故法行云先遣三賢漸誘俗敎後以佛經革邪從正李老之門釋氏之偏裨矣經云處處自說名字不同或爲儒林之宗國師道士或寂漠無爲而作佛事金口所說合若符

契何爲東西跳梁不避高下耶嗟乎外道籍我智慧資我神力遂欲撓亂我經文虔劉我教訓人之無良一至於此也

論云道者氣釋曰夫道之名以理爲用得其理也則於道爲備是故沙門號曰道人陽平呼曰道士釋聖得道之宗彭聃居道之末得道宗者不待言道而道自顯居道之末者常稱道而道不足譬如仲尼博學不以一事成名游夏之徒全以四科見目莊周有云生者氣也聚而爲生散而爲死就如子言道若是氣便當有聚有散有生有死則子之道是生滅法非常

住也。嘗聞子道又有合氣之事。願子勿言。此眞辱矣。莊子又云道在屎溺。此屎溺之道。得非吾子合氣之道乎。

弘明集卷第八

音釋

糝桑感切音傪米和羹也又音三　湑私呂切音諝盛貌　攄抽居切音樗舒也又布也　纁許云切音熏三染謂之纁　碭徒浪切音宕藺碭毒藥　觥古橫切音嘓平聲又音光　鳶音緣鷙鳥鴟類也　硍魯堂切音郎石聲　哤莫江切音尨雜語也尨音茫　醟爲命切音詠酒失也小人飲酒一醉日富以飲酒爲榮也又音榮義同　鷴同鷳鳥名　勰音協同思之和　誒戶禮切音奚上聲誒詬恥辱也　糈音胥糧也又祭神米　㵿胡了切音皛水深白貌　虓音哮

虎鳴也鶪音郥郎伯勞鳥訕音刪去聲毀語也又音山詘音屈曲折也弁毗面切音汴冕也褘音暉后祭服也又音鞠再命褘衣玁狁音憸尹匈奴別號鞅音怏頸組也牛羈也又鞅掌失容貌厲音例醜惡也莊子天地篇云厲之人夜半生子恐其似已朞居之切音姬四時日朞亦作期挻尸連切音羶取也引也又音延義同唉呼來切音咍歎也又虛其切音僖

弘明集卷第九

梁楊都建初寺釋僧祐集

立神明成佛義記并沈績序注

梁武帝

夫神道冥默。宣尼固已絕言。心數理妙。柱史又所未說。非聖智不周。近情難用語遠故也。是以先代玄儒談遺宿業。後世通辯。亦論滯來身。非夫天下之極慮。何得而詳焉。故惑者聞識神不斷。而全謂之常。聞心念不常。而全謂之斷。云斷則迷其性常。云常則惑其用斷。因用疑本。謂在本可滅。因本疑用。謂在用弗移。莫能精求。互起偏執。乃使天然覺性。自沒浮談。聖王稟以玄符。御茲大寶覺。先天垂則。觀民設化。將恐支離詭辯搆義橫流。徵敘繁絲。伊誰能振。釋教遺文。其將喪矣。是以著斯雅論。以弘至典。績早念身空。棲心內教。每餐法音。用忘寢食。而闇情難曉。觸理多疑。至於佛性大義。頓迷心路。既天詰遠流。預同撫覲。萬夜獲開。千昏永曙。分除之疑。朗然俱澈。竊惟事與理亨。無物不識。用隨道合。奚心不辨。故行雲徘徊。猶感美音之和。游魚踴躍。尚賞清絲之韻。況以入神之妙。發自天衷。此臣所以舞之蹈之而不能自已者也。敢以膚受。謹爲注釋。豈伊錐管。用窮天奧。庶幾固惑所以釋焉。

夫涉行本乎立信。臣績曰。夫愚心闇識。必發大明。明不欻起。起必由行。行不自修。修必由信。信者憑師仗理。無違之心也。故五根以一信爲本。四信以不違爲宗。宗信既立。萬善自行。行善造果。謂之行也。信立由乎正解。臣績曰。夫邪正不辨。將何取信。故立信之本。資乎正解。解正則外邪莫擾。臣績曰。信一心者。則萬邪滅矣。是知內懷正見。則外邪莫動也。信立則內識無疑。臣績曰。識者心也。故成實論云。心意識體一而異名。心既信矣。將何疑乎。然信解所依。其宗有在。臣績曰。依者憑也。夫安心有本。則枝行自從。有本之旨。顯乎下句也。何者。源神明以不斷爲精。精神必歸妙果。臣績曰。神而有盡。寧謂神乎。故經云。吾見死者形壞體化。而神不滅。隨行善惡。禍福自追。此卽不滅斷之義也。若化同草木。則豈曰精乎。以其不斷。故終歸妙極。憑心此地。則觸理皆明。明於衆理。何行不成。信解之宗。此之謂也。

妙果體極常住。精神不免無常。臣績曰。妙果明理已足。所以體唯極常。精神涉行未滿。故之不免遷變。無常者。前滅後生。刹那不住者也。臣績曰。刹那是天竺國音。迅速之極名也。生而即滅。寕有住乎。故淨名歎曰。比丘即時生老滅矣。若心用心於攀緣。前識必異後者。斯則與境俱往。誰成佛乎。臣績曰。夫心隨境動。是其外用。後雖續前。終非實論。故知神識之性。湛然不移。故終歸於妙果矣。經云。心爲正因。終成佛果。臣績曰。略語佛因。其義有二。一曰緣因。二曰正因。緣者萬善是也。正者神識是也。萬善有助發之功。故曰緣因。神識是其正本。故曰正因。經既云終成佛果。斯驗不斷明矣。又言若無明轉則變成明。案此經意。理如可求。何者。夫心爲用本。本一而用殊。殊用自有興廢。一本之性不移。臣績曰。陶汰塵穢。本識則明。明闇相易。謂之變也。若前去後來。非變之謂。一本者卽無明神明也。臣績曰。神明本闇。卽故以無明爲因。尋無明之稱。非太虛之目。土石無情。豈無明之謂。臣績曰。夫別了善惡。匪心不知。明審是非。匪情莫識。太虛無情。故不明愚智。土石無心。寧辨解惑。故知解惑存乎有心。愚智在乎有識。旣謂無明。則義在心矣。故知識慮應明。體不免惑。惑慮不知。故曰無明。臣績曰。明爲本性。所以應明。識染外塵。故內不免惑。惑惑而不了。乃謂無明。因斯致稱。豈肯空也哉。而無明體上有生有滅。生滅是其異用。無明心義不改。臣績曰。旣有其體。便有其用。語用非體。論體非用。用有興廢。體無生滅者也。將恐見其用異。便謂心隨境滅。臣績曰。惑者迷其體用。故不能精。何者。夫體之與用。不離不卽。離體無用。故云不離。用義非體。故云不卽。見其不離。而迷其不卽。迷其不卽。便謂心隨境滅。故繼無明名下加以住地之目。此顯無明卽是神明。神明性不遷也。臣績曰。無明係以住地。蓋是斥其迷體。而抱惑之徒未曾諭也。何以知然。如前心作無間重惡。後識起非想妙善。善惡之理大懸。而前後相去甚迴。斯用果無一本。安得如此相續。臣績曰。不有一本。則用無所依。而惑者見其類續爲一。故舉大善斥相續之迷。是知前惡自滅。惑識不移。後善雖生。闇心莫改。臣績曰。未嘗以善惡生滅虧其本也。故經言。若與煩惱諸結俱者。名爲無明。若與一切善法俱者。名之爲明。豈非心識性一。隨緣異乎。臣績曰。若善惡互起。豈謂俱乎。而恆對其言。而常迷其旨。故舉此要文。以曉羣惑。故知生滅遷變。酬於往因。善惡交謝。生乎現境。臣績曰。生滅由於本業。非現境使之然。善惡生於今境。非本業令其爾也。而心爲其本。未曾異矣。臣績曰。雖復用由不同。其體莫異。以其用本不斷。故成佛之理皎然。隨境遷謝。故生死可盡明矣。臣績曰。成佛皎然。狀其本也。生死可盡。由其用也。若用而無本。則滅而不成。若本而無用。則成無所滅矣。

難神滅論 并序○本論范縝作

梁蕭琛

內兄范子縝著神滅論以明無佛。自謂辨摧衆口。日服千人。予意猶有惑焉。聊欲薄其稽疑。詢其未悟。論至今所持者形神。所訟者精理。若乃春秋孝享。爲之宗廟。則以爲聖人神道設教。立禮防愚。杜伯關弓。伯有被介。復謂天地之閒。自有怪物。非人死爲鬼。如此便不得詰以詩書。校以往事。唯可於形神之中。辨其離合。脫形神一體。存滅罔異。則范子奮揚蹈厲。金湯邈然。如靈質分途。興毀區別。則予剋敵得儁。能事畢矣。又予雖明有佛。而體佛不與俗同爾。兼陳本意。係之論左焉。

問曰。子云神滅。何以知其滅耶。答曰。神即形也。形即神也。是以形存則神存。形謝則神滅也。

問曰。形者無知之稱。神者有知之名。知與無知。即事有異。神之與形。理不容一。形神相即。非所聞也。答曰。形者神之質。神者形之用。是則形稱其質。神言其用。形之與神。不得相異。

難曰。今論形神合體。則應有不離之證。而直云神即形。形即神。形之與神。不得相異。此辨而無徵。有乖篤喻矣。予今據夢以驗形神不得共體。當人寢時。其形是無知之物。而有見焉。此神遊之所接也。神不孤立。必憑形器。猶人不露處。須有居室。但形器是穢闇之質。居室是蔽塞之地。神反形內。則其識微惛。惛故以見爲夢。人歸室中。則其神暫壅。壅故以明爲昧。夫人或夢上騰玄虛。遠適萬里。若非神行。便是形往耶。形既不往。神又弗離。復焉得如此。若謂是想所見者。及其安寐。身似僵木。氣若寒灰。呼之不聞。撫之無覺。既云神與形均。則是表裏俱勌。旣不外接聲音。寧能內興思想。此卽形靜神馳。斷可知矣。又疑凡所夢者。或反中詭遇。（趙簡子夢童子譟歌。可吳入郢。晉小臣夢負公登天。而負公出諸廁之類是也。）或理所不容。（呂錡夢射月。中之。吳后夢腸出繞閶門之類是也。）或先覺末兆。（呂姜夢天名其子曰虞。曹人夢衆君子謀欲亡曹之類是也。）或假借象類。（蔡茂夢禾失爲秩。王濬夢三刀爲州之類是也。）或卽事所無。（胡人夢舟。越人夢騎之類是也。）或乍驗乍否。（殷宗夢得傅說。漢文夢獲鄧通。驗也。否事衆多。不復具載。）此皆神化茫渺。幽明不測。易以約通。難用理檢。若不許以神遊。必宜求諸形內。恐塊爾潛靈。外絕覲覿。雖復扶以六夢。濟以想因。理亦不得然也。

問曰。神故非質。形故非用。不得爲異。其義安在。答曰。名殊而體一也。

問曰。名既已殊。體何得一。答曰。神之於質。猶利之於刃。形之於用。猶刃之於利。利之名非刃也。刃之名非利也。然而捨利無刃。捨刃無利。未聞刃沒而利存。豈容形亡而神在。

難曰。夫刃之有利。砥礪之功。故能水截蛟螭。陸斷兕虎。若窮利盡用。必摧其鋒鍔。化成鈍刃。如此則利滅而刃存。即是神亡而形在。何云捨利無刃。名殊而體一耶。刃利既不俱滅。形神則不共亡。雖能近取譬。理實乖矣。

問曰。刃之與利。或如來説。形之與神。其義不然。何以言之。木之質無知也。人之質有知也。人既有如木之質。而有異木之知。豈非木有其一。人有其二耶。答曰。異哉言乎。人若有如木之質以爲形。又有異木之知以爲神。則可如來論也。今人之質。質有知也。木之質無知也。人之質非木質也。木之質非人質也。安在有如木之質。而復有異木之知。

問曰。人之質所以異木質者。以其有知耳。人而無知。與木何異。答曰。人無無知之質。猶木無有知之形。

問曰。死者之形骸。豈非無知之質耶。答曰。是無知之質也。

問曰。若然者。人果有如木之質。而有異木之知矣。答曰。死者有如木之質。而無異木之知。生者有異木之知。而無如木之質。

問曰。死者之骨骼。非生者之形骸耶。答曰。生形之非死形。死形之非生形。區已革矣。安有生人之形骸。而有死人之骨骼哉。

問曰。若生者之形骸。非死者之骨骼。死者之骨骼。則應不由生者之形骸。不由生者之形骸。則此骨骼從何而至。答曰。是生者之形骸變爲死者之骨骼也。
問曰。生者之形骸。雖變爲死者之骨骼。豈不因生而有死。則知死體猶生體也。答曰。如因榮木變爲枯木。枯木之質。寧是榮木之體。
問曰。榮體變爲枯體。枯體卽是榮體。如絲體變爲縷體。縷體卽是絲體。有何咎焉。答曰。若枯卽是榮。榮卽是枯。則應榮時彫零。枯時結實。又榮木不應變爲枯木。以榮卽是枯。故枯無所復變也。又榮枯是一。何不先枯後榮。要先榮後枯何耶。絲縷同時。不得爲喻。
問曰。生形之謝。便應豁然都盡。何故方受死形。緜歷未已耶。答曰。生滅之體要有其次故也。夫欻而生者必欻而滅。漸而生者必漸而滅。欻而生者飄驟是也。漸而生者動植是也。有欻有漸。物之理也。

難曰。論云。人之質有知也。木之質無知也。豈不以人識涼燠知痛癢養之則生傷之則死耶。夫木亦然矣。當春則榮。在秋則悴。樹之必生。拔之必死。何謂無知。今人之質猶如木也。神留則形立。神去則形廢。立也即是榮木。廢也即是枯木。子何以辨此非神知而謂質有知乎。凡萬有皆以神知。無以質知者也。但草木蜫蟲之性。裁覺榮悴生死。生民之識則通安危利害。

何謂非有如木之質以爲形。又有異木之知以爲神耶。此則形神有二。居可別也。但木稟陰陽之偏氣。人含一靈之精照。其識或同。其神則異矣。骨骼形骸之論。死生授受之説。義既前定。事又不經。安用曲辨哉。

問曰。形卽神者。手等亦是神耶。答曰。皆是神分。

問曰。若皆是神分。神應能慮。手等亦應能慮也。答曰。手等有痛癢之知。而無是非之慮。

問曰。知之與慮。爲一爲異。答曰。知卽是慮。淺則爲知。深則爲慮。

問曰。若爾。應有二慮。慮既有二。神有二乎。答曰。人體唯一。神何得二。

問曰。若不得二。安有痛癢之知。而復有是非之慮。答曰。如手足雖異。總爲一人。是非痛癢雖復有異。亦總爲一神矣。

問曰。是非之慮。不關手足。當關何也。答曰。是非之慮。心器所主。

問曰。心器是五臟之心耶。答曰。是也。

問曰。五臟有何殊別。而心獨有是非之慮。答曰。七竅亦復何殊。而所用不均何也。

問曰。慮思無方。何以知是心器所主。答曰。心病則思乖。是以知心爲慮本。
問曰。何知不寄在眼等分中耶。答曰。若慮可寄於眼分。眼何故不寄於耳分。
問曰。慮體無本。故可寄之於眼分。眼自有本。不假寄於他分。答曰。眼何故有本。而慮無本。苟無本於我形。而可徧寄於異地。亦可張甲之情寄王乙之軀。李丙之性託趙丁之體。然乎哉。不然也。
難曰。論云。形神不殊。手等皆是神分。此則神以形爲體。體全卽神全。體傷卽神缺矣。神者何識慮也。今人或斷手足。殘肌膚。而智思不亂。猶孫臏刖趾。兵略愈明膚浮解腕儒道方謚此神與形離形傷神不害之切證也但神任智以役物託器以通照視聽香味各有所憑而思識歸乎心器譬如人之有宅東閣延賢南軒引景北牖招風西檽映月主人端居中霤以收四事之用焉若如來論口鼻耳目各有神分一目病卽視神毀二目應俱盲矣一耳疾卽聽神傷兩耳俱應聾矣今則不然是知神以爲器非以爲體也又云心爲慮本慮不可寄之他分若在於口眼耳鼻斯論然也若在於他心則不然矣耳鼻雖共此體不可以相雜以其所司不同器器用各異也他心雖在彼形

而可得相涉以其神理均妙識慮齊功也故書稱啟爾心沃朕心詩云他人有心予忖度之齊桓師管仲之謀漢祖用張良之策是皆本之於我形寄之於他分何云張甲之情不可託王乙之軀李丙之性勿得寄趙丁之體乎

問曰聖人之形猶凡人之形而有凡聖之殊故知形神異矣答曰不然金之精者能照穢者不能照能照之精金寧有不照之穢質又豈有聖人之神而寄凡人之器亦無凡人之神而託聖人之體是以八彩重瞳勛華之容龍顏馬口軒皞之狀此形表之異也比

于之心。七竅並列。伯約之膽。其大如拳。此心器之殊也。是以知聖人區分。每絕常品。非惟道革羣生。乃亦形超萬有。凡聖均體。所未敢安。

問曰。子云聖人之形。必異於凡。敢問陽貨類仲尼。項籍似虞帝。舜項孔陽。智革形同。其故何耶。答曰。珉似玉而非玉。鶡類鳳而非鳳。物誠有之。人故宜爾。項陽貌似而非實。以心器不均。雖貌無益也。

問曰。凡聖之殊。形器不一可也。聖人圓極。理無有二。而立旦殊姿。陽文異狀。神不係色。於此益明。答曰。聖與聖同。同於聖器。而器不必同也。猶馬殊毛而齊逸。

玉異色而均美。是以晉棘楚和等價連城。驊騮盜驪俱致千里。

問曰。形神不二。既聞之矣。形謝神滅。理固宜然。敢問經云。爲之宗廟。以鬼饗之。何謂也。答曰。聖人之敎然也。所以從孝子之心。而厲渝薄之意。神而明之。此之謂矣。

問曰。伯有被甲。彭生豕見。墳素著其事。寧是設敎而已耶。答曰。妖怪茫茫。或存或亡。强死者衆。不皆爲鬼。彭生伯有。何獨能然。乍人乍豕。未必齊鄭之公子也。

問曰。易稱故知鬼神之情狀。與天地相似而不違。又曰載鬼一車。其義云何。答曰。有禽焉。有獸焉。飛走之別也。有人焉。有鬼焉。幽明之別也。人滅而爲鬼。鬼滅而爲人。則吾未知也。

難曰。論云。豈有聖人之神。而寄凡人之器。亦無凡人之神。而託聖人之體。今陽貨類仲尼。項籍似帝舜。即是凡人之神託聖人之體也。珉玉鶋鳳不得爲喻。今珉自名珉。玉實名玉。鶋號鶢鶋。鳳曰神鳳。名既殊稱。貌亦爽實。今舜重瞳子。項羽亦重瞳子。非有珉玉二名。唯覩重瞳相類。又有女媧蛇軀。皋陶馬口。非直聖神入於凡器。遂乃託于蟲畜之體。此形神殊別。明暗不同茲益昭顯也。若形神爲一。理絕前因者。則聖應誕聖。賢必產賢。勇怯愚智。悉類其本。既形神之所陶甄。一氣之所孕育。不得有堯庸朱嚚瞍頑舜聖矣。論又云。聖同聖器。而器不必同。猶馬殊毛而齊逸。今毛復是逸器耶。馬有同毛色而異駑駿者。如此則毛非逸相。由體無聖器矣。人形骸無凡聖之別。而有貞脆之異。故遐靈棲於遠質。促神寓乎近體。唯斯而已耳。向所云聖人之體指。直語巨舜之形。不言器有聖智。非矛盾之說。勿近於此惑也。

問曰。知此神滅。有何利用。答曰。浮屠害政。桑門蠹俗。

風驚霧起。馳蕩不休。吾哀其弊。思拯其溺。夫竭財以趣僧。破產以趨佛。而不恤親戚。不憐窮匱者。何耶。良由厚我之情深。濟物之意淺。是以圭撮涉於貧友。吝情動於顏色。千鍾委於富僧。歡懷暢於容髮。豈不以僧有多稌之期。友無遺秉之報。務施不關周給。立德必於在己。又惑以茫昧之言。懼以阿鼻之苦。誘以虛誕之辭。欣以兜率之樂。故捨逢掖。襲橫衣。廢俎豆。列缾鉢。家家棄其親愛。人人絕其嗣續。至使兵挫於行閒。吏空於官府。粟罄於惰游。貨殫於土木。所以姦宄佛勝。頌聲尚權。惟此之故也。其流莫已。其病無垠。若知陶甄稟於自然森羅均於獨化忽焉自有怳爾而無來也不禦去也不追乘夫天理各安其性小人甘其壟畝君子保其恬素耕而食食不可窮也蠶以衣衣不可盡也下有餘以奉其上上無爲以待其下可以全生可以養親可以爲己可以爲人可以匡國可以霸君用此道也

難曰佛之有無寄於神理存滅既有往論且欲略言今指辨其損益語其利害以弼夫子過正之談子云釋氏蠹俗傷化費貨損役此惑者爲之非佛之尤也佛之立教本以好生惡殺修善務施好生非止欲繁

育鳥獸。以人靈爲重。惡殺豈可得緩宥逋逃。以哀矜斷察。修善不必贍丈六之形。以忠信爲上。務施不苟使殫財土木。以周給爲美。若悉絕嗣續。則必法種不傳。如並起浮圖。又亦播殖無地。凡人且猶知之。況我慈氏寧樂爾乎。今守株桑門。迷瞀俗士。見寒者不施之短褐。遇餒者不錫以糠豆。而競聚無識之僧。爭造衆多之佛。親戚棄而弗眄。祭祀廢而弗修。良繒碎於剎上。丹金縻於塔下。而謂爲福田。期以報業。此並體佛未深。解法不妙。雖呼佛爲佛。豈曉歸佛之旨。號僧爲僧。寧達依僧之意。此亦神不降福。予無取焉。夫六家之術。各有流弊。儒失於僻。墨失於蔽。法失於峻。名失於訐。咸由祖述者失其傳。以致泥溺。今子不以僻蔽誅孔墨。峻訐責韓鄧。而獨罪我如來。貶茲正覺。是忿風濤而毀舟檝也。今悖逆之人。無賴之子。上罔君親。下虐儔類。或不忌明憲。而乍懼幽司。憚閻羅之猛。畏牛頭之酷。遂悔其穢惡。化而遷善。此佛之益也。又罪福之理。不應殊於世教。背乎人情。若有事君以忠。奉親唯孝。與朋友信。如斯人者。猶以一眚掩德。蔑而棄之。裁犯蟲魚。陷於地獄。斯必不然矣。夫忠莫踰於伊尹。孝莫尙乎曾參。若伊公宰一畜以膳湯。曾子烹隻禽以養黠而皆同趨炎鑊俱赴鋒樹是則大功没於小過奉上反於惠下昔彌子矯駕猶以義弘免戮嗚呼曾謂靈匠不如衛君乎故知此爲忍人之防而非仁人之誠也若能監彼流宕豈不在佛觀此禍福識悟教誘思息末以尊本不拔本以拯末念忘我以弘法不後法以利我則雖曰未佛吾必謂之佛矣

難神滅論并啟詔

曹思文

論曰神卽形也形卽神也是以形存則神存形謝則神滅也難曰形非卽神也神非卽形也是合而爲用者也而合非卽矣生則合而爲用死則形留而神逝

也。何以言之。昔者趙簡子疾。五日不知人。秦穆公七日乃寤。並神遊於帝所。帝賜之鈞天廣樂。此其形留而神逝者乎。若如論言形滅則神滅者。斯形之與神。應如影響之必俱也。然形既病焉。則神亦病也。何以形不知人。神獨遊帝而欣歡於鈞天廣樂乎。斯其寐也魂交。故神遊於蝴蝶。即形與神分也。其覺也形開。蘧蘧然周也。即形與神合也。然神之與形。有分有合。合則共爲一體。分則形亡而神逝也。是以延陵窆子而言曰。骨肉歸復於土。而魂氣無不之也。斯即形亡而神不亡也。然經史明證灼灼也如此。寧是形亡而神滅者也。

論曰。問者曰。經云爲之宗廟以鬼饗之。通云。非有鬼也。斯是聖人之教然也。所以達孝子之心。而厲渝薄之意也。難曰。今論所云。皆情言也。而非聖旨。請舉經記以證聖人之教。孝經云。昔者周公郊祀后稷以配天。宗祀文王於明堂以配上帝。若形神俱滅。復誰配天乎。復誰配帝乎。且無神而爲有神。宣尼云。天可欺乎。今稷無神矣。而以稷配。斯是周旦其欺天乎。果其無稷也。而空以配天者。既其欺天矣。又其欺人也。斯是聖人之教教以欺妄也。設欺妄以立教者。復何達孝子之心。厲渝薄之意哉。

原尋論旨。以無鬼爲義。試重詰之曰。孔子菜羹瓜祭。祀其祖禰也。記云。樂以迎來。哀以送往。神既無矣。迎何所迎。神既無矣。送何所送。迎來而樂。斯假欣於孔貌。送往而哀。又虚涙於巨體。斯則夫子之祭禮也。欺僞滿於方寸。虚假盈於廟堂。聖人之教。其若是乎。而云聖人之教然也。何哉。

思文啟。竊見范縝神滅論。自爲賓主。遂有三十餘條。思文不惟闇蔽。聊難論大旨二條而已。庶欲以此傾其根本。謹冒上聞。但思文情用淺匱。懼不能徵折詭經。仰黷天照。伏追震悸。謹啟。

詔答。所難二條。當別詳覽也。

答曹舍人并啟詔　梁范縝

難曰。形非即神也。神非即形也。是合而爲用者也。而合非即也。答曰。若合而爲用者。明不合則無用。如蛩駏相資。廢一則不可。此乃是滅神之精據。而非存神之雅決。子意本欲請戰。而定爲我援兵耶。

難曰。昔趙簡子疾。五日不知人。秦穆公七日乃寤。並神遊於帝所。帝賜之鈞天廣樂。此形留而神逝者乎。

答曰。趙簡子之上賓。秦穆之遊上帝。既云耳聽鈞天。

居然口嘗百味。亦可身安廣厦。目悅玄黃。或復披文繡之衣。控如龍之轡。故知神之須待。既不殊人。四肢七竅。每與形等。隻翼不可以適遠。故不比不飛。神無所闕。何故憑形以自立。

難曰。若如論旨。形滅則神滅者。斯形之與神。應如影響之必俱也。然形既病焉。則神亦病也。何以形不知人。神獨遊帝所。答曰。若如來意。便是形病而神不病也。今傷之則痛。是形痛而神不痛也。惱之則憂。是形憂而神不憂也。憂慮痛廢。形已得之。如此。何用勞神於無事耶。曹以爲生則合而爲用。則痛廢同也。死則形留而神遊。則故遊帝。與形不同也。

難曰其寐也魂交故神遊於蝴蝶即形與神分也其覺也形開蘧蘧然周也即形與神合也答曰此難可謂窮辯未可謂窮理也子謂神遊蝴蝶是眞作飛蟲耶若然者或夢爲牛則負人轅輈或夢爲馬則入人跨下明旦應有死牛死馬而無其物何也又腸繞閶門此人即死豈有遺其肝肺而可以生哉又日月麗天廣輪千里無容下從匹婦近入懷袖夢幻虛假有自來矣一旦實之良足偉也明結想霄坐周天海神昏於內妄見異物豈莊生實亂南園趙簡眞登閶闔耶外弟蕭琛亦以夢爲文句甚悉想就取視也

難曰：延陵窆子而言曰：骨肉歸復於土，而魂氣無不之也。斯即形亡而神不亡也。答曰：人之生也，資氣於天，稟形於地，是以形銷於下，氣滅於上。氣滅於上，故言無不之。無不之者，不測之辭耳，豈必其有神與知耶。

難曰：今論所云，皆情言也，而非聖旨，請舉經記以證聖人之教。孝經云：昔者周公郊祀后稷以配天，宗祀文王於明堂以配上帝。若形神俱滅，復誰配天乎？復誰配帝乎？答曰：若均是聖達，本自無教，教之所設，實在黔首。黔首之情，常貴生而賤死，死而有靈，則長畏敬之心。死而無知。則生慢易之意。聖人知其若此。故廟祧壇墠以篤其誠心。肆筵授几以全其罔己尊祖以窮郊天之敬。嚴父以配明堂之享。且忠信之人。寄心有地。强梁之子。兹焉是懼。所以聲教照於上。風俗湻于下。用此道也。故經云。爲之宗廟。以鬼享之。言用鬼神之道。致兹孝享也。春秋祭祀。以時思之。明厲其追遠。不可朝死夕亡也。子貢問死而有知。仲尼云。吾欲言死而有知。則孝子輕生以殉死。吾欲言死而無知。則不孝之子棄而不葬。子路問事鬼神。夫子云。未能事人。焉能事鬼。適言以鬼享之。何故不許其事耶。

死而有知輕生以殉是也何故不明言其有而作此悠漫以答耶研求其義死而無知亦已審矣宗廟郊社皆聖人之教迹彝倫之道不可得而廢耳

難曰且無神而爲有神宣尼云天可欺乎今稷無神矣而以稷配斯是周旦其欺天乎既其欺天又其欺人斯是聖人之教以欺妄以欺妄爲教何達孝子之心厲渝薄之意哉答曰夫聖人者顯仁藏用窮神盡變故曰聖達節而賢守節也寧可求之罤筌局以言教夫欺者謂傷化敗俗導人非道耳苟可以安上治民移風易俗三光明於上黔黎悅於下何欺妄之有

乎。請問湯放桀。武伐紂。是弒君非耶。而孟子云聞誅獨夫紂。未聞弒君也。子不責聖人放弒之迹。而勤勤於郊稷之妄乎。郊丘明堂。乃是儒家之淵府也。而非形神之滯義。當如此何耶。

難曰。樂以迎來。哀以送往。云云。答曰。此義未通而自釋。不復費辭於無用。禮記有斯言多矣。近寫此條。小恨未周耶。

思文啟。始得范縝答神滅論。猶執先迷。思文試料其理致。衡其四證。謹冒奏聞。但思文情識愚淺。無以折其鋒銳。仰塵聖鑒。伏追震悚。謹啟。

詔答具一二。縝既背經以起義。乖理以致談。滅聖難以聖責。乖理難以理詰。如此則言語之論略成可息。

重難神滅論　　曹思文

論曰。若合而爲用者。明不合則無用。如蛩駏之相資。廢一則不可。此乃是滅神之精據。而非存神之雅決。子意本欲請戰。而定爲我援兵也。論又云。形之於神。猶刃之於利。未聞刃沒而利存。豈形亡而神在。又伸延陵之言。即形消於下。神滅於上。故云無不之也。又云以稷配天。非欺天也。猶湯放武伐。非弑君也。子不責聖人放弑之迹。而勤勤於郊稷之妄耶。難曰。蛩蛩駏驉是合用之證耳。而非形滅卽神滅之據也。何以言之。蛩非驉也。驉非蛩也。今滅蛩蛩而駏驉不死。斬駏驉而蛩蛩不亡。非相卽也。今引此以爲形神俱滅之精據。又爲救兵之良援。斯倒戈授人。而欲求長存也。悲夫。斯則形滅而神不滅之證一也。論云。形之與神猶刃之於利。未聞刃沒而利存。豈容形亡而神在。雅論據形神之俱滅唯此一證而已。愚有惑焉。何者。神之與形。是二物之合用。卽論所引蛩駏相資是也。今刃之於利。是一物之兩名耳。然一物兩名者。故捨刃則無利也。二物之合用者。故形亡則神逝也。今引一物之二名。以徵二物之合用。斯差若毫氂者。何千里之遠也。斯又是形滅而神不滅之證二也。又伸延陵之言曰。卽是形消於下。神滅於上。論云。形神是一體之相卽。今形滅於此。卽應神滅於形中。何得云形消於下。神滅於上而云無不之乎。斯又是形滅而神不滅之證三也。又云以稷配天。非欺天也。猶湯放桀。武伐紂。非弒君也。卽是權假以除惡乎。然唐虞之君。無放伐之患矣。若乃運非太平。世值三季。權假立教。以救一時。故權稷以配天。假文以配帝。則可也。然有虞氏之王天下也。禘黃而郊嚳。祖顓而宗堯。旣湑風未殄。時非權假。而令欺天罔帝也。何乎。引證若斯。斯又是形滅而神不滅之證四也。斯四證旣立。而根本自傾。其餘枝葉。庶不待風而靡也。

論曰。樂以迎來。哀以送往。此義不假通而自釋。不復費於無用。禮記有斯言多矣。又云。夫言欺者。謂傷化敗俗耳。苟可以安上治民。復何欺妄之有乎。難曰。前難云。迎來而樂。是假欣於孔貌。送往而哀。又虛淚於巨體。斯實鄙難之雲梯。弱義之鋒的。在此言也。而答者曾不慧解。唯云不假通而自釋。請重言之曰。依如論旨。旣已許孔是假欣而虛淚也。又許稷之配天。是指無以爲有也。宣尼云。亡而爲有。虛而爲盈。斯爻象之所不占。而格言之所攸棄。用此風以扇也。玆化何得不傷。玆俗於何不敗。而云可以安上治民也何哉。論云已通。而昧者未悟。聊重往諮。側聞提耳。

弘明集卷第九

音釋

儁 同俊勝也異也又卓持也 齮 語綺切齧也又音欺義同 兕 序姊切音祀兕似牛一角青色重千斤 鍔 音咢刀刃也又劍端鋒刃端也 骼 音格枯骨曰骼露骨亦曰骼 俎 側呂切音阻祭享之器 稌 同都切音徒稉稻也又音杜義同 宄 古委切音軌姦也 垠 語巾切音銀界限也又音痕 瞀 莫候切音茂目不明貌又鄙吝心不明也 訐 音揭攻人之陰私也又九

刈切音近罰直言也宕大浪切音盪舋音欣去聲隙罅也又音問同義窆音砭葬下棺也又音貶義同蛩音邛北海內有素獸焉狀如馬名曰蛩蛩西方有比肩獸焉與邛邛岠虛比爲邛邛岠虛齧甘草即有難邛邛岠虛負而走其名爲之蟨

弘明集卷

三三

弘明集卷第十

梁楊都建初寺釋僧祐集

敕答臣下神滅論　梁武帝

位現致論。要當有體。欲談無佛。應設賓主。標其宗旨。辨其短長。來就佛理。以屈佛理。則有佛之義既躓。神滅之論自行。豈有不求他意。妄作異端。運其隔心。鼓其騰口。虛晝瘡痏。空致詆訶。篤時之蟲。驚疑於往來。滯甃之鼃。河漢於遠大。其故何也。淪蒙怠而爭一息。抱孤陋而守井幹。豈知天地之長久。溟海之壯闊。孟軻有云。人之所知。不如人之所不知。信哉。觀三聖設教旨云不滅。其文浩博。難可具載。止舉二事。試以爲言。祭義云。唯孝子爲能饗親。禮運云。三日齊。必見所祭。若謂饗非所饗。見非所見。違經背親。言語可息。神滅之論。朕所未詳。

與王公朝貴書 并六十二人答　　梁釋法雲

主人答臣下審神滅論。今遣相呈。夫神妙寂寥。可知而不可說。義經丘而未曉。理涉旦而猶昏。主上凝天照本。襲道赴機。垂答臣下。旨訓周密。孝享之禮既彰。桀懷曾史之慕。三世之言復闡。紂協波崙之情。預非草木。誰不歌歎。希同挹風。猷共加弘讚也。釋法雲呈。

答　臨川王宏

得所送敕答神滅論。伏覽淵旨。理精辭詣。二教道叶於當年。三世棟梁於今日。足使迷途自反。妙趣愈光。遲近寫對。更具披析。蕭宏和南。

答　建安王偉

辱告惠示敕答臣下審神滅論。天識昭遠。聖情淵察。伏覽玄徽。實曉庸昧。猥能存示。深承篤顧。蕭偉和南。

答　長沙王淵

惠示敕答臣下審神滅論。睿旨淵凝。機照深邈。可以筌罤惑見。訓誘蒙心。鑽仰周環。洗滌塵慮。遂能存示。

戢眷良深。蕭淵業和南。

答　　梁沈約

神本不滅。久所伏膺。神滅之談。良用駭惕。近約法師殿內出。亦蒙敕答臣下一本。懽受頂戴。尋覽忘疲。豈徒伏斯外道。可以永摧魔衆。孔釋兼弘。於是乎在。實不刊之妙旨。萬代之舟航。弟子亦即彼論。微歷疑覈。比展具以呈也。沈約呈。

答　　范岫

岫和南。伏見詔旨所答臣下審神滅論。叡照淵深。動鑒機初。敷引外典。弘茲內教。發蒙啟滯。訓誘未悟。方使四海稟仰。十方讚抃。異見杜口。道俗同欣。謹加習誦。寤寐書紳。惠以逮示。深承眷憶。范岫和南。

答　王瑩

辱告。伏覽敕旨神不滅義。睿思機深。天情雲發。標理明例。渙若冰消。指事造言。赫如日照。用啟蒙愚。載移瞽蔽。凡厥含識。莫不挹佩。謹以書紳。奉之沒齒。弟子王瑩和南。

答　王志

辱告。伏覽敕答臣下神滅論。旨高義博。照若發蒙。弟子夙奉釋教。練服舊聞。有自來矣。非唯雷同遠大。贊激天旨而已。且垂答二解。厭伏心靈。藻燭聞見。更不知何以闡揚玄猷。光彰聖述。且得罔象不溺於眞。內外無紛如之滯。寶懷嘉抃。猥惠來示。佩眷唯深。王志和南。

答　袁昂

辱告并伏見敕答臣下審神滅論。奉讀循環。頓醒昏縛。夫識神冥漠。其理難窮。粤在庸愚。豈能探索。近取諸骸內。尙日用不知。況乎幽昧。理歸惑解。仰尋聖典。既顯言不無。但應宗教歸依。其有就有談有。猶未能盡性。遂於不無論無。斯可遠矣。自非神解獨脫。機鑒絕倫。何能妙測不斷之言。深悟相續之旨。兼引喻二證。方見神在皦然。求之三世。不滅之理彌著。可謂鑽之彌堅。仰之彌高者也。方使衆惑塵開。羣迷反路。伏誦無斁。舞蹈不勝。弟子袁昂和南。

答　　蕭昺

辱告弁伏見詔答臣下審神滅論。夫三世雖明。一乘敎遠。或有偏蔽。猶執異端。聖上探隱索微。凝神繫表。窮理盡性。包括天人。內外辨析。辭旨典奧。豈直羣生靡惑。實亦闡提卽曉。方宣揚四海。垂範來世。惠使聞見。唯深佩服。孤子蕭昺頓首和南。

答　徐勉

天旨所答臣下神滅論。一日麤蒙垂示。辱告重送。伏加研讀。窮理盡寂。精義入神。文義兼明。超深俗表。詳求三世。皎若發蒙。非直謹加誦持。輒令班之未悟。惠示承眷至。弟子徐勉和南。

答　陸杲

杲和南。伏覽敕旨答臣下審神滅論。夫從無住本。在默阻思。伏加來藏。窅絕難言。故使仲初建薪火之執。宣遠廣然滅之難。傳疑眾談。躋淪曠稔。宸聰天縱。聖照生知。了根隆藥。隨方運便。遂乃辨禮矯枉。指孝示

隅。良由迷發俗學便澆俗以況道。識資外文。卽就外
以明內。任言出以出奇。因所據理。固以城塹三世。負
荷羣生。現在破闇。當來攝網。一牘之間。於何不利。片
言之益。豈可覼縷。生因曩慶。至德同時。預奉餘論。頂
戴踊躍。惠示不遺。深抱篤念。陸杲和南。

答　　蕭琛

弟子琛和南。辱告。伏見敕旨所答臣下審神滅論。妙
測機神。發揮禮教。實足使淨法增光。儒門敬業。物悟
緣覺。民思孝道。人倫之本。於茲益明。詭經亂俗。不擕
自壞。誦讀藻抃。頂戴不勝。家弟闇短招愆。今在比理。

公私煎懼。情慮震越。無以仰讚洪謨。對揚精義。奉化聞道。伏用悚怍。眷獎覃示。銘佩仁誘。弟子蕭琛和南。

答　王彬王緘

辱告。伏見敕旨答臣下審神滅論。聖思淵凝。天理孤絕。辯三世則釋義明。舉二事則孝道暢。塞鑽鑿之路。杜異途之口。足使魔堞永淪。正峯長峻。弟子伏膺至道。預奉天則。喜躍之心。寧復恆準。王彬王緘頓首和南。

答　陸煦

猥辱逮告。伏見至尊答臣下審神滅論。俯仰膜拜。徘徊空首。竊聞聖惟一揆。唐虞未有前言。知幾其神。今日獨奉梁詔。道載則萬有擠其淪迷。德壽則九服揚其照筮。方可振民育德。百年均其攝受。勞民動物。千古咸其折伏。法師智深決定。受持之持僉允。志洽通敏。承神之神諧克。陸煦和南。

答　　　　徐緄

緄和南。辱告。并逮示敕答神滅論。伏覽淵旨。疏心蕩累。竊唯希夷之本難尋。妙密之源莫覩。自非上聖。無以談其宗。非夫至睿。焉能導其極。皇上窮神體寂。鑒道居微。發德音則三世自彰。布善言而千里承響。誠叶禮敬。義感人祇。理扇玄風。德被幽顯。悠悠亘夜長昏倏曉蠢蠢愚生一朝獨悟勵鹿苑之潛功澍法流於日用鴻名永播懋實方馳迷滯知反淪疑自息第子歸向早深倍兼抃悅輒奉以周旋弗敢云墜但蠡測管窺終懷如失耳徐緄和南

答　王暕

枉告并奉覽勑答臣下審神滅論聖旨玄照啟悟羣蒙義顯幽微理宣寂昧夫經述故身之義繫敘遊魂之談愚淺所辯已爲非滅況復睿思弘遠盡理窮微引文證典渙然冰釋肉眼之人虔恭迴向惑累之衆悛改浮心發明既往訓導將來伏奉淵敎欣蹈罔已

王暕和南。

答　柳惲

辱告。惠示敕所答臣下神滅論。夫指歸無二。宗致本一。續故不斷。釋訓之弘規。入室容聲。孔經之深旨。中外兩聖。影響相符。雖理在固然。而疑執相半。伏奉淵旨。照若發蒙。顧會玄趣。窮神知寂。測情盡狀。天地相似。千載闕疑。從春冰而俱泮。一世顛倒。與浮雲而俱開。祇誦環徊。永用懸解。存及之顧。良以悲戢。弟子柳惲頓首白。

答　柳憕

辱告。惠示敕答臣下審神滅論。淵旨沖邈。理窮幾奧。竊以修因趣果。神無兩識。由道得滅。佛惟一性。殷人示民有知。孔子祭則神在。或理傳妙覺。或義闡生知。而楊墨紛綸。徒然穿鑿。凝滯逐往。將掩名教。聖情玄覽。理證無閒。振領持綱。舒張毛目。抑揚三代。汲引同歸。實假雙祛。朗然無礙。伏奉循環。疑吝俱盡。來告存及。悲抱唯深。柳憕頓首白。

答　王茂

茂和南。辱告。伏見敕旨答神滅論。頂戴欣歡。不及抃舞。神理悠曠。雖非建言所極。列聖遺文。炳然昭著。莫不撫枉虔襟。式遵彝典。豈可妄陳虛矯。厚誣前誥。謂來緣之不期。棄享薦之至禮。迷路茫茫。歸途靡薄。苦空一到。有悔無追。主上含明體聖。妙窮眞假。發義照辭。舟航淪溺。豈唯天人讚仰。信亦諸佛迴光。弟子夙昔棲心。本憑淨土。數延休幸。預逢昌世。方當積累來因。永陶慈誘。藻悅之誠。非止今日。未獲祗敘。常深翹眷。比故循詣。此白無伸。王茂和南。

答　　庾詠

辱告。惠示至尊答臣下神滅論。伏覽未周。煙雲再廓。竊唯蠕動有知。草木無識。神滅譬論。欲以有知同此無識乃謂種智亦與形骸俱盡此實理之可悲自非德合天地均大域中屬反流之日值飲化之幾則二諦之言無以得被三世之談幾乎息矣聖上愍此四生方淪六道研校孔釋其相提證使窮陸知海幽都見日至言與秋陽同朗羣疑與春冰俱釋雖發論弘道德感沖襟而預聞訓誘俯欣前業法師服膺法門深同此慶謹當讚味吟誦始終無斁弟子庾詠和南

答 蕭昂

辱告宣示敕答臣下審神滅論聖旨披析使惑者渙然神之不滅著於通誥理既渺默故致有迷主上識

照知來。鑒踰藏往。擿機外之妙思。攻異端之妄說。又引禮經。取驗虛實。孝敬之道。於此方弘。孤子蕭昂頓首和南。

答　　庾曇隆

辱告。伏見主上答臣下審神滅論。昏蒙啟悟。煥爾照朗。夫至理虛寂。道趣空微。上聖極智。乃當窮其妙實。下凡浮生。自不辨其玄淵。如聞立論者。經典垂訓。皆是教跡。至於在佛胡書。詭怪難以理期。此則言語道斷。仰勞聖思。爲臣下剖釋羣情。豈不欣讚。銘挹明旨。抱用始終。法師曲誨。彌增慚戢。弟子庾曇隆和南。

答　　蕭靡

惠示。敕答臣下審神滅論。披覽未周。情以抃悅。主上凝神天縱。將聖多能。文奧不刊。辭溢繫表。義證周經。孝治之情爰著。旨該釋典。大慈之心彌篤。謹置之座隅。陳之機枕。寢興鑽閱。永用書紳。班示不遺。戢眷良厚。弟子蕭靡和南。

答　　王僧孺

辱告。惠示送主上所答羣臣仰諮神滅論。伏覽循環。載深鎖奉。發蒙祛蔽。朗若披雲。竊以事蘊難形。非聖莫闡。理寂區位。在愚成惑。若非神超繫表。思越機前。

豈能燭此微言。若開金石。洞茲妙境。曾靡榛蹊。諭之以必薦。示之以如在。使夫持論者不終泥於遙轍。專謬者無永沈於惑海。預奉淵謨。孰不懽肅。裁此酬白。不申繫舞。王僧孺呈。

答　　王揖

辱告惠示敕答臣下審神滅論。夫昊蒼玄默。本絕言義。性與天道。固亦難聞。而愛育之仁。依方感動。開誘之教。沿事降設。矜局蛙於井谷。哀危蟪於寸陰。思發神衷。言微理鏡。引據前經。文約旨遠。凝神杳翳。一理能貫。墳典紛綸。一言以蔽。顯列聖之潛旨。決終古之滯惑。存滅由斯而曉。孝敬因茲而隆。信足以警誡重昬。儀範百代。所謂聖謨揚揚。嘉言孔章者也。弟子既慚辯理。彌懵知音。遂得預聞道訓。頒覿妙藻。式抃下陳。永佩聖則。弟子王揖和南。

答 王泰

一日曲蒙讌私。預聞范中書有神形偕滅之論。斯人逕侹。不近人情。直以下才。未能折五鹿之角耳。辱告。垂示聖旨。徵引孝道。發揚冥致。謹當尋誦。永祛曚惑。弟子王泰頓首和南。

答 蔡僔

辱告。奉宣敕旨答諮神滅論。夫神理玄妙，良難該辯。雖復前聖眘言，後英猶惑。叡旨爰釋，皎若發蒙。固以陵萬古而擅奇，悟方來以不朽。伏奉朝聞，載深抃躍。謹以書紳，永祛迷滯。蔡僔和南。

答　　王仲欣

仲欣白：辱告。惠示詔所答臣下神滅論。伏讀淵麗，抃不勝躍。皇帝叡性自天，機神獨遠。五禮外照，三明內映。金輪徐轉，則道濟八紘；玉瓚既陳，則孝隆七廟。開慧日於清漢，垂法雲於大千。如在之義，重闡茲晨。常住之明，永證來劫。故以德冠百王，聲高萬古。弟子棲心法門。崇信大典。舞蹈之誠。獨深凫藻。王仲欣和南。

答　　沈績

弟子績和南。垂示敕答臣下神滅論。伏深欣躍。弟子竊唯道不自弘。弘實由人。人須其識。識須其位。周易所稱。聖人大寶曰位。豈其意乎。然或位而不人。或人而不位。三者云備。其理至難。故宣尼絕筆於獲麟。孟軻反身於天爵。誠無其位也。嗚呼眞化。殆將淪沒。今天子以仁聖盛明。據至尊之位。蓋層山可以眾煦飄。其和不可移也。鐘鼓可以雞㹠亂。其鳴不可聞也。將使慄慄黔首。濟其長夜。自非德合天地。誰能若斯。弟子早沐虛風，既聞之矣。然而燕雀之集，猶或相昬，飛蓬之門，尚自交構。聖旨爰降，辭高理愜，敦以人天之善，誡以莫大之刑。一言作訓，內外俱闡。夫以孺子入井，凡民猶或傷之；況乃聖慈御物，必以隱惻爲心耶。能指白馬之非白，猶見屈於中庸；至於神亭機外，志存弘化，魍魎摧其頰舌，焉足道哉。神牘天貴，本非窺觀，遂能存示，用慚寡德。弟子沈績和南。

答　司馬筠

辱告，并垂示勅答臣下審神滅義。伏讀周流，式歌且舞。夫識慮沈隱，精靈幽妙，近步無以追，凡情不能測。

外聖知其若此。所以抑而不談。故涉孔父其尚昬。經姬公其未曙。而碌碌之徒忘理信目。錐畫管窺異見鋒起。苟徇離賢之名。遂迷霜露之實。愚竊到此。深可矜傷。我皇道貫幽顯。明踰日月。窮天地之極。以盡始終之奧。忌猶紫之妨薰朱。器雉珉之亂鳳玉。爰發聖衷。降茲雅義。信足以光揚妙覺。拯厥沈泥。近照性靈之極。遠明孝德之本。實使異學翦其邪心。四方篤其羨慕。謬以多幸。預奉陶均。沐澤飲和。有兼慶躍。流通曲被。佩荷彌深。司馬筠呈。

答　沈緄

緄和南。弟子竊以爲交求之道，必取與爲濟，至於瀆蒙不告，則空致憧憧。儵魚之觀，殆將可息。所以自絕諮受，崇深莫窺，誠自愧也。徒以闇識因果，循循局誠，冀履霜不退，堅冰可至耳。而法師弘心山藪，幸能藏疾，雖未升堂，遂招以法流。杜夷云：召渴馬於滮泉，不待鞭策而至矣。垂示上答臣下神滅論，晨宵伏讀，用忘疲寢。構斯法棟，導彼迷流。天屬既伸，三世又辯，鬼神情狀，於焉可求。然謂海實廣，廣孰能知；謂天蓋高，高不可測。聖論鉤深，旨超繫表，蒙情易駘，悳能是空銘，末示終愧鑽仰。弟子沈緄和南。

答　王緝

惠示敕答臣下審神滅論。竊以神一冥默。歷聖未傳。宣尼猶稱不言。莊生空構其語。求之方策。歎昧交深。謬覿今論。天思淵發。妙旨凝深。至理既弘。孝機兼極。信足韜超萬古。照燭來今。弟子生屬昌辰。預覿聖藻。既冰渙於懷抱。信曉惑於隨便。凡厥靈知。孰不鑽仰。矧伊蒙蔽。激抃良深。王緝和南。

答　韋叡

至理虛寂。冥晦難辨。言有似無。言無實有。妙於老談。精於釋教。辭炳金書。文稽玉牒者。由來尚矣。主上道括宇宙。明並日月。隱顯之機必照。有無之要已覽。遂垂以明論。詶折臣下。導誘既深。訓義方洽。凡在有心。孰不慶幸。蒙示天製。謹加讀誦。垢吝雲消。特兼歡抃。法師果深昔緣。因會今法。離五慾而入八解。去三界而就一乘。復得預聞德音。彌足欣讚。惠告沾及。戢佩實深。韋叡和南。

答　　謝綽

綽和南。辱告。蒙示敕答臣下審神滅論。伏覽淵謨。用清魂府。既排短說。實啟羣疑。竊唯人生最靈。神用不極。上則知來藏往。次乃鄰庶入幾。以此觀之。理無可滅。是以巨儒伸其祀事。大慈照其生緣。內外發明。已足袪滯。況復天誨諄諄。引諭彌博。弘資始於黔黎。導識業於精爽。固令開蒙出障。坐測重玄。異端既絕。正路斯反。論者慚其墨守。范氏悟其膏肓。預在有識。孰不擊讚。但弟子徒懷遊聖。終慒管窺。頂奉戴躍。永歡膺誘。謝綽和南。

答　　范孝才

弟子孝才和南。辱告。逮示敕旨答臣下審神滅論。竊以彭生豕立。名現齊公。元伯纓垂。事高漢史。且斬籌爲喻。義在必存。神之不滅。法俗同貫。欲滅其神。內外成失。所謂管闚穹極。寧辨西東。蠡度滄溟。安知髣髴。天旨弘深。慇懃於妙象。聖情隱惻。流連於饗祭。豈直經敎增隆。實使蒙愚悟道。眷逮所覃。曲垂頒及。銘茲訓誘。方溢寸心。弟子范孝才和南。

答　王琳

辱告。惠示至尊答臣下審神滅論。謹罄庸管。恭覽聖製。聲溢金石。理洞淵泉。義貫六爻。言該三世。足使僻學知宗。迷途識反。弟子生幸休明。身叨渥澤。復得傾耳天作。拭目神藻。覍抃之誠。良無紀極。猥惠頒逮。銘躍唯重。弟子王琳答。

答　何炯

炯和南。辱所賜書幷垂示答臣下審神滅論。竊聞神其如在。求前王而未測。住常住其不移徙。伏膺而方曉。鑽仰淵秘。渙爾冰開。故知紛綸聖跡。不由一道。參差動應。本自因時。今澆流已息。無明將啟。物有其機。教唯斯發。篤孝治之義。明覺者之旨。預有靈識。誰不知慶。豈炎昊所得爭衡。非軒唐所能競爽。巍巍至德。莫或可名。昭然大道。於斯爲極。何炯和南。

答　王筠

筠和南。辱告。垂示上答臣下審神滅論。竊聞僾然有見禮典之格言。今則不滅法敎之弘旨。但妙相虛玄。神功凝靜。自非體道者。豈能默領其宗。不有知機者。無由冥應其會。聖主迹同萬機。心遊七淨。哀愍羣生。嫗煦庶物。滌彼蓋纏。勖以解慧。祛其蒙惑。躋之仁壽。信大哉爲君。善於智度者也。弟子世奉法言。家傳道訓。而學淺行疏。封累猶軫。既得餐稟聖敎。預聞弘誘。一音得解。萬善可偕。抃躍之情。無以譬說。弟子王筠和南。

答　孫挹

辱告。惠示敕答臣下審神滅論。伏奉欣仰。喜不自支。

夫江海淵曠，非井蛙所達；泊然入定，豈外道能干。故一毛不動，則衆邪退散；舟航既濟，而彼岸斯登。聖后體蘊二儀，德兼三代，撫靈機而總極，秉上智以調民。發號施令，則風行草偃；臨朝尊默，而化動如神。隆五帝以比蹤，超萬劫其方永，猶復震金聲於指掌，降妙思以發蒙，理既仰而方深，趣彌鑽而踰遠。均寶珠於無價，齊蓮華之不塵，孝敬被乎羣黎，訓範侔於先聖。蚑行喘息，同識斯歡；翾飛蠕動，共陶兹慶。班告末臨，用深榮荷。謹頂受書紳，永啟庸戢，弟子孫抱和南。

答　蕭眕素

辱告。并伏見敕答臣下審神滅論。性與天道。稱謂理絕。曠劫多幸。猥班妙訓。接足頂受。歡敬載懷。竊謂神道寂寞。法海難邊。是以智積麻葦而未測。識了色塵而猶昧。豈其庸末所能激仰。然自慧雲東漸。寶舟南濟。歲序緜長。法音流遠。明君長宰。雖世能宗服。至於躬挹玄源。親體妙極者。竟未聞焉。是以兩諦八解。獨闕皇言。九部三藏。偏蕪國學。嗚呼。可爲歎息者也。竊尋神滅之起。則入楞伽。經名衞世。雖義屈提婆。而餘俗未弭。故使羣疑異學。習以成見。若不稟於先覺。實終累於後生。聖上道濟天下。機洞無方。虎觀與龍宮幷閟。至德與實相齊導。故能符俗敎而諦眞道。卽孝享以弘覺性。照此困蒙。拔茲疑網。雖復牟尼之柔輭巧說。孔文之博約善誘。曷以喻斯巍巍乎。十善已行。金輪何遠。法師稟空慧於曠生。習多聞於此運。法輪轉而八部雲會。微言發而天人攝受。故能播戒香於鳳闕。藻覺花於宸側。信矣哉。能以佛道聲。令一切聞者也。弟子無記釋藏。不逮孔門。雖願朝聞。終慚吝薄。庶緣無盡之法。兼利人我耳。疾塞甫爾。心慮惛悸。謹力裁白。不識詮次。傾遲諮展。親承至敎也。弟子蕭眕素頓首和南。

答　伏暅

猥垂班示至尊所答臣下審神滅論。伏奉淵旨。頓袪羣疑。天情獨照。妙鑒懸覽。故非凡愚所可鑽仰。然常師管見。亦竊懷佳求。今復稟承教義。遠尋經旨。重規疊矩。信若符契。法師宣揚敘理。弘讚聖言。方使二教同歸。眞俗一致。預得餐沐誨誘。陶染至化。抃擊下風。實兼舞蹈。遲比諮覿。乃盡襟誠。臨白欣佩。不知裁述。

伏暅呈。

答　賀瑒

辱告。垂示敕答臣下審神滅論。讚仰反復。誦味循環。

故知妙蘊機初。事隔凡識。神凝繫表。義絕庸情。皇上叡覽通幽。性與天道。所以機見英遠。獨悟超深。述三聖以導未曉。標二事以洗偏惑。故係孝之旨愈明。因果之宗彌暢。崛山粹典。即此重彰。洙水清教。於茲再朗。譬諸日月。無得踰焉。弟子雖冥煩多蔽。謬奉格言。研求妙趣。猶知蹈舞。法師宣揚至道。光闡大猷。猥惠未及。益增銘荷。弟子賀瑒呈。

答　　　　劉洽

辱告。奉覿敕旨所答臣下審神滅論。伏披素札。仰瞻玄談。文貫部夏。義測爻繫。囊括典經。牢籠述作。弘彼正教。垂之方策。希夷卓爾。難得而聞。斟酌賢聖。剖破毫髮。兼通內外之塗。語過天人之際矣。自非體兹至德。思與神會。豈能深明要道。人知企及。謹書諸紳。永以爲珮。洽平既入。照若發蒙。比故修詣。共伸講復也。

弟子劉洽頓首呈。

答　嚴植之

辱告。伏見敕旨答臣下審神滅論。夫形分涉麤。或微隱難悟。況識理精密。豈庸見能曉。所以斷常交騖。一異競奔。若中道居懷。則欲流可反。二邊滯意。彼岸長乖。神滅之論。斯障實重。仰賴聖主。棟梁至教。明詔爰發。覬若披雲。非直冥符訓典。俯弘孝義。蓋妙達生源。幽窮行本。使執禮之性。踐霜露而彌篤。研神之識。仰禪悅而增心。皆當習忍慧途。翻流惑海。弟子早標素心。未知津濟。伏讀歡欣。充徧身識。猥惠存勖。荷眷唯深。嚴植之呈。

答　　曹思文

辱送敕書。弟子適近亦親奉此旨。范中書遂迷滯若斯。良爲可慨。聖上深懼黔黎致惑。故垂折衷之詔。此旨一行。雖復愚闇之識。了知神不滅矣。弟子近聊就周孔以爲難。今附相簡。願惠爲一覽之。折其詭經不尋。故東展此不多白。弟子曹思文和南。

答　　　謝舉

辱告。惠示敕答臣下審神滅論。竊聞語曰萬物紛糺。則懸諸天象。立言淆舛。則折乎聖理。昭昭自古。事蔚在兹。伏尋叡訓垂文。義深陶鑄。稱象匪臻。希微孰識。綸幽至極。盡性窮神。愍斯六蔽。哀此四執。黜小言之亂道。拯經行於夷路。旨肆而隱。義宛而彰。博約載弘。廣大悉備。一音半偈。顯兹悟拔。慧日心水。蕩此塵迷。俾宗奧有歸。敎思攸在。異端自杜。誣善知息。凝繫表於繩初。導禪流於苦海。豈伊含孕三藏。冠冕七籍而已哉。弟子幸邀至運。側承格誘。沐泳歡擘。奉以書紳。
謝舉和南。

答　　馬元和

辱告。頒示敕旨垂答臣下審神滅論。竊聞標機之旨。非凡所窺。符神之契。唯仁是極。故衆教徘徊。理詣於惇善。羣經委曲。事盡於開濟。伏唯至尊。先天製物。體道裁化。理絕言初。思包象外。攻塞異端。闡道歸一。萬有知宗。人天仰式。信滄海之舟梁。玄霄之日月也。神滅之論。宜所未安。何者。前聖摛教。抑引不同。括而言之。理實無二。易云。積善之家。必有餘慶。積不善之家。

必有餘殃。孝經云。生則親安之。祭則鬼享之。雖未顯論三世。其旨已著。薪盡火滅。小乘權教。妙有湛然。究竟通說。因情即理。理實可依。且慎終追遠。民德歸厚。禮有國有家。歷代由之。三才之寶。不同降淸。神滅之爲論。妨政實多。非聖人者無法。非孝悌者無親。二者俱違。難以行於聖世矣。弟子庸乏。懵於至道。濫蒙頒訪。所據凡淺。荷惕之誠。追以無厝。弟子馬元和和南。

答　王靖

垂示聖旨答臣下審神滅論。伏唯至尊。垂拱嚴廊。遊心萬古。居無棄日。道勝唯機。爰訪羣下。恢弘孝義。睿藻淵玄。理深樞極。自非聰明徇齊之君。就日望雲之主。豈有剖判冥寂明章雅論。闡大聖於須臾。定俗疑於俄傾。非唯理測宸衷。亦乃義切臣子。含和飲懔之邦。衣裳道素之域。莫不傾首仁澤。沐浴唐風。弟子江淮孤生。不學無術。雖復從師北面。一經不明。縱憶舊文。豈伊髣髴。五經紛綸。事類弘博。神明之旨。其義多端。至如金石絲竹之響。公旦代武之說。寧非聖旨。且祭義而談。尤爲顯據。若論無神。亦可無聖。許其有聖。便應有神。理且炳然。豈容寂絕。弟子所見庸淺。無以宣揚至澤。既涉訪逮。輒率所懷。弟子王靖和南。

答　　陸倕陸任

辱告。惠示至尊所答臣下審神滅論。昔者異學爭途。孟子抗周公之法。小乘亂道。龍樹陳釋迦之教。於是楊墨之黨。舌舉口張。六師之徒。轍亂旗靡。言神滅者。可謂學僻而堅。南路求燕。北轅首楚。以斯適道。千里而遙。聖上愍其迷途。爰奮天藻。鉤深致遠。盡化知神。俾此因蒙。均斯冰釋陳茲要道。同彼月照。弟子並以凡薄。沾竊恩紀。纓冕則天之朝。飡捉稽古之論。贊幸之誠。獨加踊躍。猥頒告逮。謹用書紳。陸倕呈。

答　　王僧恕

辱告。惠示敕旨答臣下審神滅論。甚哉理之大也。斯寡寸管之所見。言性之可聞。而隨類儻遇。怡然蒙釋。奉戴周旋。以次以誦。法師德邁當今。聲標萬古。知十之談每會。起予之富必酬。想闡弘聖旨。煥然雲消耶。弟子學慚聚螢。識非通見。何能仰贊洪輝。宣揚妙範者歟。但論者執一惑之情。循一往之轍。固不可以語大方。焉知致遠恐必泥哉。夫幽明之理。皎然不差。因果相起。義無獨立。形滅自可以草木為儔。神明常隨緣而在。所以左氏有彭生豕見。尚書則祖考來格。禮云。若樂九變。人鬼可得禮矣。結草之報。豈其遂滅。元規所夢。何得無神。神明不滅著之金口。丘尼所說。彌有多據。若文雖五千。詩乃三百。得其理者。自可一言而以蔽。故不復煩求廣證。夫三聖雖有明教。百家常置弘理。而何使狂簡斐然成章。攻乎屢作。今皇明體照幽寂。識周內外。以前聖之久遠。慼異端之妄興。霈然爰發。乃垂眷翰。使闡提一悟。遂獲果通。閻浮孰惑。豁然洗滯。況復搢紳之士。爲益因其。弘哉。弟子餐道無紀。法師許其一簣。遂能班逮神藻。使得預沐淸風。頂戴歡舞。無以自譬。戢銘兼深。彌其多矣。弟子王僧懇頓首和南。

答　　明山賓

辱告惠示敕旨答臣下審神滅論源深趣遠豈鹿兔所測隨類得解或亦各欣其所見奉以周旋不勝舞躍法師學冠一時道叶千載起予之寄允在明德想弘宣妙旨無復遺蘊耶弟子業謝專經智非通識豈能仰述淵猷讚揚風敎論者限以視聽豈達曠遠目覩百年心惑三世謂形魄既亡神魂俱滅斯則既違釋典復乖孔敎矣焉可與言至道語其妙理者哉夫明則有禮樂幽則有鬼神是以孔宣垂範以知死酬問周文立敎以多才代終詩稱三后在天書云祖考

來格。且濠上英華。著方生之論。柱下叡哲。稱其鬼不神。爲薪而火傳。交臂而生謝。此皆陳之載籍。彰彰其明者也。夫緣假故有滅。業造故無常。是以五陰合成。終同煙盡。四微虛構。會均火滅。竊謂神明之道。非業非緣。非業非緣。故雖遷不滅。能緣能業。故苦樂殊報。此能仁之妙唱。搢紳之所抑也。雖教有殊途。理還一致。今棄周孔之正文。背釋氏之眞說。未知以此將欲何歸。正法住世。尚有斷常之說。況像法已流。而無異端之論。有神不滅。乃三聖同風。雖典籍著明。多歷年所。通儒碩學。並未能值。皇上智周空有。照極神源。爰發聖衷。親染神翰。弘獎至教。啟悟重昏。令夫學者永祛疑惑。眷逮不遺。使得預餐風訓。沐浴頂戴。良兼欣戢。明山賓和南。

答　　　　庾黔婁

孝經云。生則親安之。祭則鬼饗之。樂記云。明則有禮樂。幽則有鬼神。詩云。肅雍和鳴。先祖是聽。周官宗伯職云。樂九變。人鬼可得而禮。祭義云。入戶愾然必有聞乎其歎息之聲。尚書云。若爾三王有丕子之責。左傳云。鯀神化為黃能。伯有為妖。彭生豕見。右七條。弟子生此百年。早聞三世。驗以眾經。求諸故實。神鬼之證旣布中國之書菩提之果又表西方之學聖教相符性靈無泯致言或異其揆唯一但以聖人之化因物通感抑引從急與奪隨機非會不言言必成務非時不感感唯濟物而參差業報取捨之塗遂分往還緣集淪悟之情相舛狎其小識晦玆大旨滯親聞見莫辯幽微此榆枋所以笑九萬赤縣所以駭大千故其宜也若斯之倫遂復構穿鑿駕危辯鼓僞言煽非學是謂異端故宣尼之所害也我皇繼三五而臨萬機紹七百以御六辯勳格無稱道還淳粹經天緯地之德左日右月之明皇王之所未曉羣聖之所不備

億兆之所宜通。將來之所必至。莫不罔其玄波。而達其幽致者也。伏覽神論。該冠眞俗。三才載朗。九服移心。跂行蠢蠕。猶知舞蹈。況在生靈。誰不抃節。弟子少缺下帷。尤蔽名理。既符夙志。竊深踊躍。至如百家恢怪。所述良多。搜神靈鬼。顯驗非一。且般若之書。本明斯義。既應徒所排。輒無兼引。自非格言。孰能取正。略說七條。皆承經典。譬猶秋毫之憑五嶽。觸氏之附六軍。敢瀝微塵。祗增悚忏。弟子庾黔婁和南。

答　　殷鈞

近辱告惠示主上所答臣下審神滅論。性與天道。誠不得聞。徒觀二諦兼通。三聖俱闡。片言折妙。半字含靈。辭存五禮之中。旨該六合之外。譬河海之紀地。猶日月之麗天。伏讀歡愉。魂影相慶。何者。弟子夙陶玄化。及長不虧。常恐識業未弘。中塗迴枉。或端然靜念。心翔翔而靡薄。或吐言設論。時見屈於辯聰。夫大道甚夷。而黎元好徑。咸用此也。今猥奉神旨。昭若發蒙。且服且誦。永爲身寶。數日來公私牽挽。還輒頓臥。未即白答。銜眷彌深。殷鈞和南。

答　張緬

尋三世昞然。二果昭著。安可蔵六塵而不曉。迷五塗而長沒。以爲形謝神滅。骸亡識朽。此外道之邪見。豈可御瞿曇之正法。所謂輕陳一旅。敵堂堂之鋒。輒馳駑駘。與騏驥而並行。恐長劫有盡。領蟲方至。一身死壞。復受一身。精神無異。人畜隨緣。涅槃明文。瑞應高說。主上聖照幽深。鏡察潭遠。譬兩祭而知不滅。喻妄作於背親。義隨八引而舛。入言比性道而難聞。弟子少遊弱水。受戒樊鄧。師白馬寺期法師。屢爲談生死之深趣。亟說精神之妙旨。爾來歸心。絕此疑想。復覩斯判。益破魔途。非但聞覩於今。方欲結緣於後。徒知歸信。闇比求名。猥惠沾示。深承眷篤。弟子張緬和南。

答　　陸璉

璉白。逮告垂示敕答臣下審神滅論。伏讀天旨。照鏡塵蒙。弟子門宗三寶。少奉道訓。雖誠歸至教。識暗玄津。謹尋內外羣聖開引殊文。如來說三乘以標一致。言二諦以悟滯方。先王詮五禮以通愛敬。宣六樂以導性靈。或顯三世以徵因果。或明誠感以驗應實。豈可頓排神源。永絕緣識者哉。若然。則善惡之報虛陳。祭敬之設爲妄。求之情理。其可安乎。而昧惑之徒。尙多偏執。是以聖明玄覽。遊神妙門。動言出理。皎若朝暉。發文顯證。朗如宵燭。頓足開建愚昏。愜信凡鄙者

也。伏習詔旨。綜檢心源。謹裁還白。不宣抃舞。弟子陸
璉呈。

答　張翻

辱告。伏見敕答臣下審神滅論。盛旨窮機。微言合道。
生知出六儒之首。自然該十聖之外。至如感果之規
理照三世。孝饗之範。義貫百王。妙會與春冰等釋。至
趣若秋旻共朗。足使調闡變情。桀跖移志。反澆風於
遂古。振淯波乎方冊。英聲茂實。粤不可尚。法師精理
之秀。擅高日下。俱沐聖化。獨遊神明。深鑒道蘊。洞識
宗途。弟子昔聞師說。悟太傅之旨。今偶昌時。奉不滅

之訓。信以照哲希蒙。紓洗塵蓋。足蹈手舞。言象豈能勝。張翻和南。

答　王珍國

辱告伏見敕答臣下神滅論。神之不滅。經典明文。即心語事。皎然在理。論神有滅。實所駭歎。天照淵凝。妙旨周博。折彼異端。弘茲雅範。信可以朗悟冥塗。棟梁千載矣。伏覽歡戴。竊深罔極。比故詣展。遲獲咨俾。王珍國呈。

答　曹景宗

枉告。所宣答神滅敕。理周萬古。旨包三世。六趣長迷。

於此永悟。五道恆疑曉若發蒙。自非鑒窮八解。照侔十號。排罔逸俗。安得如此。奉佩書紳。敢違寢食。法師識踰有境。學詣無生。揄揚之善。煥如東里。披翫周環。用忘所疾。曹景宗白答。

答　顏繕

猥枉明誥。須述敕旨。審神不滅。以答臣下。理據昞然。表裏該妙。所以慧現獨宣。舟梁合舉。夫目所不覩。帷屏爲隔。耳所不聞。遐邇致擁。不得以不聞不見。便謂無聲無物。今欲詰內教。當仗外書。外書不殊內教。茲現書云。魂氣無所不之。佛經又曰。而神不滅。既內外符同。神在之事。無所多疑。疑其滅者。即蜉蝣不知晦朔。蟪蛄之非春秋。寧識大椿之永久。日月之無窮。主上聖明超古。微妙通神。三世之旨有證。孝饗之理斯光。蒼生管見。已晦而復曉。晚俗淪冥。既迷而更悟。弟子徧植逢幸。預從餐道。投心慈氏。歸敬誠深。唯孱來緣可期。載懷鳧藻而已。弟子顏繕呈。

答　沈宏

弟子宏稽首和南。辱告。伏覽敕答臣下審神滅論。夫唯幾難曉。用晦易昏。自非凝神斯鑒。探賾斯朗。豈能拯重雰於有惑。豈能運獨見於無明。竊唯大聖御宇。

上德表物垂法雲以湛潤開慧日而增暉遠比溟海近譬井幹粤今遂古孰能識乎此焉至如經喻雀飛缾在火滅字存禮云非類弗歆祭乃降祉且夢蘭以授鄭穆結草以抗杜回凡此羣列不可悉紀又五道遞往六度同歸皆神之顯驗不滅之幽旨但郄克麗足豈從邯鄲比蹤盧敖捷至寧與若士齊跡今仰鑒天璪俯逮闡提所謂若披重霧以攀合璧出幽夜而眄燭龍短綆汲淵望瀾覘海實歡喜頂戴若無價寶珠沈宏稽首和南

答　司馬褧

辱告。惠示敕難滅性論。竊以慈波洪被。道冠衆靈。智照淵凝。理絕羣古。七禪八慧之辨。三空四諦之微。故以煥乎載籍。炳於通誥也。所以優陀云。喻如百首齊音。同讚妙覺。尚不能言萬分之一矣。夫業生則報起。因往則果來。雖義微而事著。亦理幽而證顯。自近可以知遠。尋邇可以探遐。譬如日月懸天。無假離婁之目。鳴鐘在耳。不勞子期之聽。而議者自昏。迷途難曉。苟徇所懷。坐顛坑穽。伏覽皇上令旨。理妙辭縟。致極鉤深。究至寂而異闡。啟幽途以還晰。雖復列聖齊鑣。羣經聯奧。靈山金口。禪冰玉舌。終不能捨此以求通。

違茲而得正。信哉。渫江漢之波。塵滓以滌。導德齊禮。還風反化。法俗兼通。於是乎在。付此言展。方盡述讚。

弟子司馬褧呈。

答　　　　　　丘仲孚

伏覽敕旨答臣下審神滅論。聖照淵深。包括眞俗。理超繫表。義貫羣識。鑽奉神猷。伏深舞蹈。惠示戢存。眷。

丘仲孚白。

弘明集卷第十

音釋

踳 尺允切音蠢踳駮相乖舛又與舛同 覼 落戈切音羅秉筆覼縷不能成章 抃 音卞拊手

也兩手相擊也撝與揮同裂也斁音亦厭也亦音妒緄古本切音袞繡帶也又音混
暕音簡明也日燈音徵心平也又音成義同摛音離舒也布也僔祖本切音尊上聲聚
也恭敬也紘胡盲切音宏綱維也地形訓八殥之外有八紘滮皮休切音彪水流貌恧女六
切音忸慚心也憧尺容切音衝意不定也渥烏谷切音屋水聲僾於代切音愛彷彿貌
祭之日入室僾然必有見乎其位暅音亙乾燥也曝也糺音糾猶割也察也愾音欷
滿也太息也愾我寤難鯀古本切音袞大魚也今王既變鯀禹之功紓音書緩也又音杼
孱鋤連切音潺劣弱也又音煎蹙也今俗有孱蹙語

弘明集卷第十一

梁楊都建初寺釋僧祐集

荅宋文帝讚揚佛教事　宋何尚之

元嘉十二年五月乙酉有司奏丹陽尹蕭摹之上言稱佛化被于中國已歷四代塔寺形像所在千計進可以繫心退足以招勸而自頃世已來情敬浮末不以精誠爲至更以奢競爲重舊宇頹圮曾莫之修而各造新構以相誇尚甲地顯宅於兹殆盡材竹銅綵糜損無極違中越制宜加檢裁不爲之防流遁未已請自今已後有欲鑄銅像者悉詣臺自聞興造塔寺

精舍。皆先詣所在二千石。通發本末。依事列言本州。必須報許。然後就功。其有輒鑄銅制。輒造寺舍者。皆以不承用詔書律論。銅宅材瓦。悉沒入官。奏可。是時有沙門慧琳。假服僧次。而毁其法。著白黑論。衡陽太守何承天與琳比狎。雅相擊揚。著達性論。並拘滯一方。詆呵釋教。永嘉太守顏延之。太子中舍人宗炳信法者也。檢駮二論。各萬餘言。琳等始亦往還。未底績乃止。炳因著明佛論以廣其宗。帝善之。謂侍中何尚之曰。吾少不讀經。比復無暇。三世因果。未辨致懷。而復不敢立異者。正以前達及卿輩時秀。率皆敬信。故也。范泰謝靈運每云。六經典文。本在濟俗爲治耳。必求性靈眞奧。豈得不以佛經爲指南耶。顔延年之折達性。宗少文之難白黑論。明佛法汪汪。尤爲名理。並足開奬人意。若使率土之賓皆純此化。則吾坐致太平。夫復何事。近蕭摹之請制。未令經通。即已相示。委卿增損。必有以式遏浮淫。無傷弘奬者。乃當著令耳。尙之對曰。悠悠之徒。多不信法。以臣庸蔽。獨秉愚勤。懼以闕薄貽點大敎。今乃更荷褒拂。非所敢當。至如前代羣賢。則不負明詔矣。中朝已遠。難復盡知。渡江已來。則王導周顗。宰輔之冠蓋。王濛謝尙。人倫之羽儀郗超王坦王恭王謐或號絕倫或稱獨步韶氣貞情又爲物表郭文謝敷戴逵等皆置心天人之際抗身煙霞之間亡高祖兄弟以清識軌世王元琳昆季以才華冠朝其餘范汪孫綽張玄殷覬略數十人靡非時俊又炳論所列諸沙門等帛曇邃者其下輩也所與比對則庾元規自邃已上護蘭諸公皆將亞迹黃中或不測人也近世道俗較談便爾若當備舉夷夏爰逮漢魏奇才異德胡可勝言寧當空天性靈坐棄天屬淪惑於幻妄之說自陷於無徵之化哉陛下思洞機表慮玄象外鉤深致遠無容近取於斯自臣

等已降。若能謹推此例。則清信之士。無乏於時。所謂人能弘道。豈虛言哉。慧遠法師嘗云。釋氏之化無所不可。適道固自教源。濟俗亦爲要務。世主若能翦其訛僞。奬其驗實。與皇之政。並行四海。幽顯協力。共敦黎庶。何成康文景獨可奇哉。使周漢之初復兼此化。頌作刑清倍當速耳。竊謂此說有契理奧。何者。百家之鄉十人持五戒。則十人湻謹矣。千室之邑。百人修十善。則百人和厚矣。傳此風訓以徧寓內。編戶千萬。則仁人百萬矣。此舉戒善之全具者耳。若持一戒一善。悉計爲數者。抑將十有二三矣。夫能行一善則去一惡。一惡既去。則息一刑。一刑息於家。則萬刑息於國。四百之獄。何足難錯。雅頌之興。理宜倍速。卽陛下所謂坐致太平者也。論理則其如此。徵事則臣復言之前史。稱西域之俗。皆奉佛敬法。故大國之衆數萬。小國數百。而終不相兼幷。內屬之後。習俗頗弊。猶甚湻弱。罕行殺伐。又五胡亂華已來。生民塗炭。冤橫死亡者不可勝數。其中設獲穌息。必釋教是賴。故佛圖澄入鄴。而石虎殺戮減半。洮池塔放光。而苻楗椎鋸用息。蒙遜反噬無親。虐如豺虎。末節感悟。遂成善人。法逮道人。力兼萬夫。幾亂河渭。面縛甘死。以赴師範。

此非有他。敬信故也。夫神道助教。有自來矣。雷霆所擊。暑雨恆事。及展廟遇震。而書爲隱慝。桀紂之朝。冤死者不可稱紀。而周宣晉景獨以深刑受祟。檢報應之數。旣有不符。徵古今之例。祇更增惑。而經文載之。以彰勸戒。萬一影像。猶云深切。豈若佛教責言義則有可然可信之致。考事實。又無已乖已妄之咎。且觀世大士所降近驗。並卽表身世衆目共覩。祈求之家。其事相繼。所以爲勸戒。所以爲深切。豈當與彼同日而談乎。而愚闇之徒。苟遂毁黷。忽重殉輕。滯小迷大。恚僧尼之絶胖育。嫉像塔之費朱紫。此猶生民荷覆載之德。日用而不論。吏司苦禋瘞之勞。有時而詆慢。慧琳承天。蓋亦然耳。蕭摹啟制。臣亦不謂全非。但傷蠹道俗。最在無行僧尼。而情貌難分。未可輕去。金銅土木。雖糜費滋深。必福業所寄。復難頓絕。臣比思爲斟酌。進退難安。今日親奉德音。實用夷泰。時吏部郎羊玄保在座。進曰。此談蓋天人之際。豈臣所宜預。竊恐秦楚論强兵之術。孫吳盡吞并之計。將無取於此耶。帝曰。此非戰國之具。良如卿言。尚之曰。夫禮隱逸。則戰士怠。貴仁德則兵氣衰。若以孫吳爲志。苟在吞噬。亦無取堯舜之道。豈唯釋教而已。帝悅曰。釋門有

卿亦猶孔氏之有季路所謂惡言不入於耳

與高明二法師難佛不見形書　宋李淼

夫道處清虛四大理常而有法門妙出羣域若稱其巧能利物度脫無量爲教何以不見眞形於世直空說而無實耶今正就尋西方根源伏願大和尚垂懷允納下心無惜神誥弟子李淼和南

答李交州書　宋釋道高

釋道高白奉垂問至聖顯晦之迹理味淵博辭義照洸敬覽反覆彌高德音使君垣牆崇邃得門自難輒罄愚管罔象玄珠夫如來應物凡有三焉一者見身

放光動地。二者正法。如佛在世。三者像教。髣髴儀軌。髣髴儀軌。應今人情。人情感像。孰爲見哉。故淨名經云。善解法相。知衆生根。至於翅頭末城。龍華三會。人情感見。孰爲隱哉。故法華經云。時我及衆僧。俱出靈鷲山。儴佉之宮。孱然可期。西方根源。何爲不覩。而世之疑者。多謂經語不符。闇寄情少。咸以不覩生滯。夫三皇五帝。三代五霸。姬旦孔丘。删詩制禮。並聞史籍。孰覩之哉。釋氏震法鼓於鹿園。夫子揚德音於鄒魯。皆耳眼所不得。俱信之於書契。若不信彼。不患疑此。既能了彼。何獨滯此。使君聖思淵遠。洞鑒三世。願尋壽量未盡之教。近取定光儒童之迹。中推大通智勝之集。以釋衆人之幽滯。若披重霄於太陽。貧道言淺辭拙。語不宣心。冀奉見之日。當申之於論難耳。謹白。

與道高法師書　　李淼

李淼和南。旋省雅論。位序區別。辭況沖美。欣會良多。所謂感化異時。像正殊俗。援外以映內。徵文以驗實。敬範來趣。無所間然。然夫受悟之由。必因鑒觀。闇寄生疑。疑非悟本。若書契所存。異代齊解。萬世之後。可不待聖而師矣。若乃聲迹並資。言象相濟。大義既乖。儒墨競興。豈徒正信不朗。將亦謗誤增疊。得不取證於示見印記以自固乎大聖以無礙之慧垂不請之慈何爲惛昭昭之明晦倍尋之器絕羣望於泥洹之後興罪垢於三會之先芻狗空陳其能悟乎儀像虛設其能信乎至於帝王姬孔訓止當世來生之事存而不論故其隱見廢興權實莫辨今如來軌業彌貫三世慈悲普潤不得以見在爲限羣迷求解不可以滅盡致窮是以化度不止於篇籍佛事備列於累萬問今之所謂佛事者其焉在乎若如雅況所信在此所驗在彼而聖不世出孔釋異塗卽事而談罔非矛盾矣其可相驗乎未能嘿廢聊復寓言幸更詳究遲

覩淸釋。

重答李交州書　　　釋道高

釋道高白。重奉深誨。義華旨遠。三讀九思。方服淵致。故知至理非庸近能測。微言奧辭非鄙訥所參。今謹率常淺麤陳所懷。夫萬善爲教。其途不一。有禪宴林藪。有修德城傍。或曲躬彈指。或歌讚頌詠。皆耳眼所共了。爲者亦無量。斯則受悟之津。由闇寄之稱。何必受悟於因鑒觀。何必闇寄其則生疑。疑亦悟本。請當論之。疑則求解。解則能悟。悟則入道。非本如何。雖儒墨之競興。九流之是非。乃爝火之不息。非日月之不暉。何急急於示見。而促促於同歸哉。今不同季俗無證。驗以徵誠。亦不謬大聖裕昭昭之光明。而世之疑者。据以不覩形。遂長迷於大夢。横沈淪而溺生死。先儒往哲。麤有舊答。旣途無異轍。輒述而不作。夫亡身投誠。必感則俱見。不感不見。其有見者以告不見。其不見者。會不信見。聖人何嘗不在。羣生何嘗不見哉。聞法音而稱善。芻狗非謂空陳。覩形像而曲躬。靈儀豈爲虛設。姬孔救頽俗而不贍。何暇示物以將來。若巨旦生遇於結繩。則明三世而不已。問今佛事其焉在乎。低首合掌。莫非佛事。但令深悟有方。殊途同歸耳。前疏所引彼此疑信者。正爲世人不見便謂無佛。故取不見周孔爲其繩準耳。此乃垂拱而相隨。豈矛盾之謂哉。使君生知無假。素氣天然。居大寶之地。運穎脫之思。流浪義苑。涉步書園。吐握餘暇。優遊永日。德音既宣。莫不側聽。貧道學業麤淺。彌慚簡札。上酬謬略。懼塵盛藻。追增悚愧。流汗霡霂。謹白。

與道高法師書　李淼

李淼和南。雅論明受悟之津。爰自疑得。闇寄有餘。無取鑒觀。鞠躬讚誦。咸足屆道。覽復往況。彌覩淵賾。然所謂像法乖正。求悟理麤。借筌會旨。無假示見。此固姬孔所以垂訓輝光所以不表取之世典緯焉足矣放光動地徒何爲乎若正信不止於俯仰而佛事備舉於形聲大覺所由妙其色涉求之可基其始故知信者必以儒墨致疑學者將由無證自悔吝明無咎於三五潛景道德彂於十號矣豈不然乎又所謂姬孔務拯頹季無暇來生設在結繩三世自明亦又不然七經所陳義兼未來釋典敷載事止緣報故易云積善餘慶積惡餘殃經云無我無造無受者善惡之業亦不亡此則緣教常緩兼訓已弘豈謂所務在此所闕在彼哉來論雖美故自循環之說耳望復擢新

演異以洗古今之滯。使夷路坦然。積礙大通也。深願大和尚垂納亮款。弟子李淼謹呈。

答李交州書　　宋釋法明

釋法明白。巨論爰降。敬覽移日。馥若幽蘭。清若惠風。貧道器非霜穎。運非庖生。動乖理間。獨躓疑駭。良由辭訥旨滯。劇難星陳。愚謂貳暗寄奇。鑒觀示見。鞠躬歌讚。感動靈變。並趣道之津梁。清升之嘉會。故宜寄觀雙舉。疑驗兩行。豈得罷絕示見。頓漏神彩。齊軌姬孔。同範世訓。放光動地。徒爲空言。夫法身凝寂。妙色湛然。故能隱顯順時。行藏莫測。顯則乘如而來。隱則善逝而去。卽言求旨何愆於十號哉。餘暉所映足光季俗信者豈以螢燭增疑。正向旦日。白黑比肩塔像經書彌滿世界。學者豈以無證自悔。又引七經。義兼未來。積善餘慶積惡餘殃。雖新新生滅。交臂代謝。善惡之業。不得不受。此乃過明三世。愈亮七經。徵翰檢實。則聞命矣。前論云。帝王姬孔。訓止當世。來生之事。存而不論。故其隱見廢興。權實莫辨。似若矛盾。義將安寄。當仁不讓。伏聽淵賾。前疏麤述至聖沈浮。而義据未照。詞況未泯。謹更詳究。其弘至道。夫羣生長寢於三有。衆識永惛於六塵。潛移爲吞噬之主。相續爲迴轉之輪。形充逆旅之館。神當過憩之賓。往來三惡而苦楚。經離八難而酸辛。欣樂暫娛。憂畏永勤。一身死壞復受一身。雖世智辨聰。羣書滿腹。百家洞了。九流必達。知死生有命。富貴在天。鬼神莫之要。聖哲弗能預。未免謬見以翳情。疑似以干慮。寄懷於巫精。投誠於符呪。執邪以望正。存僞以待眞。遲迴於兩心。躊躇於二逕。放光動地其可見乎。所以玄籍流布。列筌待機。機動必感。感而後應者也。自有棲志玄宅。下操幽淵。明一生若朝露。辨三世之弗虛。縱轡於淸眞之術。斂控於獨僞之衢。植德耘邪而薈蔚。樹福灌正而扶疏。苦節競辰於寸陰。潔己爭逝於桑榆。懷誠抱向。感而遂通。豈不親映光彩。而覩其靈變哉。若耳眼所不自了。或通夢之所見。如漢明因夢以感聖。大法於是而來遊。帝主傾誠以歸德。英豪斂衽以服化。沙門齊肩於王公。僧尼直躬於天子。九十六種。孰爲高哉。宋武皇帝始登帝位。夢一道人提鉢就乞。因而言曰。君於前世施維衞佛一鉢之飯。今居斯位。遣問嚴公。徵其虛實。嚴公即送七佛經呈聞。吳主孫權。初疑佛法無靈驗。當停罷省。遂獲舍利。光明照宮。金鐵不能碎。爐冶不能融。今見帝京建初寺是。吳郡有石佛。浮身海水。道士巫師。人從百數。符章鼓舞。一不能動。黑衣五六。朱張數四。薄爾奉接。遂相勝舉。即今見在吳郡北寺。惇誠至到者。莫不有感。朱張連世奉佛。由覩驗致。郭文舉祇崇三寶。正信堅明。手探虎鯁。深識安危。蘭公拂嚴雪於猛獸。護公感枯泉而洪流。並高行逸羣。淸身邁俗。皆有異迹。世咸記焉。自茲以外。不可勝論。貧道少惰學業。迄于白首。孤陋寡聞。彰於已誠。直言朴辭。未必可採。懼不允當。伏追慚悚。謹白。

荊州宗居士造明佛論。稱伯益述山海申毒之國。偎人而愛人。郭璞注申毒卽天竺。浮屠所興。浮屠者。邪圖也。劉向列仙敘。七十四人在佛經。學者之管闚於斯。又非漢明帝而始也。道人澄公。仁聖於石勒虎之世。謂虎曰。臨菑城中有古阿育王寺處。猶有形像承露盤在深林巨樹之下。入地二十餘丈。虎使者依圖掘求。皆如言得。姚略叔父爲晉王。於河東蒲坂。故老所謂阿育王寺處。見有光明。鑿求得佛骨於石函銀匣之中。光曜殊常。隨路迎覲於灞上。比丘今見存新寺。由此觀之。有佛事於齊晉之地久矣。所以不說於三傳者。亦猶于寶孫盛之史。無語稱佛。妙化實彰。有晉而盛於江左也。

與孔中丞書二首　南齊蕭子良

覽君書具一二。每患浮言之妨正道。激烈之傷純和。亦已久矣。孟子有云。君王無好智。君王無好勇。勇智之過。生平患禍。所遵正當仁義爲本。今因修釋訓。始見斯行之所發。誓念履行。欲卑高同其美。且取解脫之喻。不得不小失存其大。至於形外之間。自不足及言。眞俗之教。其致一耳。取之者未達。故橫起異同。君云積業棲信。便是言行相舛。豈有奉親一毀一敬而云大孝。未之前聞。夫仁人之行。非殘害加其美。廉潔之操。不籍貪竊成其德。如此。則三歸五戒。豈得一念而可捨。十善八正。寧嘗想之。可遺。未見輕其本而能重其末。所謂本既傾矣。而後枝葉從之。今云二途雖異。何得相順。此言故是見其淺近之談耳。君非不覩經律所辨。何爲偏志一方。埋沒通路。夫士未嘗離俗施訓。卽世之教。可以知之。若云斯法。空成詭妄。更增疑惑。應當毁滅。就卽因而言。閨門孝悌者。連鄉接黨。竟有幾人。今可得以無其多。絓諸訓誥經史箴誡悉可焚之。不。君今遲疑於内教。亦復與此何殊哉。所以歸心勝法者。本不以禮敬標其心。兢仰祇崇者。不以在我故忘物。今之慇懃克己者。政爲君輩之徒耳。欲今相與去憍矜。除慢傲。節情慾。制貪求。修禮讓。習謙恭。奉仁義。敦孝悌。課之以博施。廣之以泛愛。賞之以英賢。拔之以儁異。復何慚於鬼神乎。孜孜策勵。良在於斯。雖未能奉遵。亦意不忘之。今未有夜光之投。而按劍已起。欲相望於道德。寧不多愧。當由未見此情。故常信期心耳。在懷則不然。每苦其不及。司徒之府。本五敎是勸。方其敦斯美行。以率無慾。使詭妄諂佞望門而自殄。浮僞蕩逸。踐庭而變迹。等彼息心之館。齊此無慾之臺。不亦善乎。一則仰順宸極普天之慈。二則敬奉儲皇垂愛之善。宵旦而警惕者。正患此心無遂耳。悠悠之語好自多端。其云願善政言。未知傷化之重。儻令詭事以忠孝。佞悅以仁義。虛投以禮讓。假枉以方直。乃至一日克己。天下歸仁。況能旬朔有餘。所望過矣。本自開心所納。正苦此矯不多。如其此煩未廣。故鄙薄深慨。君正應規諫其乖。開發未達。云何言傷孝本。語損義基。於邑有懷。非所望也。若此事可棄。則欣聞餘善。又云未必勸人持戒。當令善由下發。必如此而弘教者。放勛須四凶革而啟聖。虞舜待商均賢而德明。如斯而遂美。其可望乎。君之此意。則應廣有所折。便當詰堯以土階之儉。嘉離宮之麗。貶禹以茅茨之陋。崇阿房之貴。恥汲黯之正容。榮祝鮀之媚色。其餘節義貞信謙恭之德。皆當改途而反面。復何行之可修也。凡聞於言。必察其行。覩於行。必求於理。若理不乖而行不越者。請無造於異端。眞殊途同歸。未必孱然一貫。頃亦多有與君此意同者。今寄言此紙。情不專一者。脣心於疑妄。國君普宣示之。略言其懷。無見髣髴。翰迹易煩。終不盡意。比見君。別更委悉也。

又

夫人心之不同。猶若其貌。豈其容一而等其智乎。鑒有待之參差。足見情靈之乖舛矣。一得其志者。非言談之所盡。一背其途者。豈遊說之所翻。見君雖復言面委盡。而不及此處者。良由彼我之見既異。幸可各保其方差。無須空構是非。橫起謗議耳。棲心入信者。前良不無此志。今以效善之爲樂。故挫憍陵以待物。君若以德越往賢聖逾前修智超羣類位極人貴者。自可逍遙世表。以道化物。高尚其懷。無求自足。而退於前良。恐未能懸絕空秉兩途。獨異勝法。若悠悠相期。本不及言。意在不薄。爲復示期懷耳。比面别一二。近聊有此釋滯兩卷。想於外已當見之。今送相示。若已覽者付反。幸無勞形目。脫未覩者。爲可一歷意。本不期他翻。正是自釋疑滯耳。君見之必當撫掌也。蕭子良疏。

答蕭司徒書三首　南齊孔稚珪

稚珪啟。民早奉明公提拂之仁。深蒙大慈弘引之訓。恩獎所驅。性命必盡。敢瀝肝髓。乞照神襟。民積世門業。依奉李老。以沖靜爲心。以素退成行。迹蹈萬善之淵。神期至順之宅。民仰攀先軌。自絕秋塵。而宗心所向。猶未敢墜。至於大覺明教。般若正源。民生平所崇。初不違背。常推之於至理。理至則歸一。置之於極宗。

宗極不容二。自仰稟明公之訓。憑接明公之風。導之以正乘。引之以通戒。使民六滯頓祛。五情方旭。迴心頂禮。合掌願持。民齊敬歸依。早自淨信。重律輕條。素已半合。所以未變衣鉢。眷眷黃老者。實以門業有本。不忍一日頓棄。心世有源。不欲終朝悔遁。既以二道大同。本不敢惜心迴向。實顧言稱先業。直不忍棄門志耳。豈不思樂方廣。勤志一乘。況仰資明公齊禮道德。加須奉誦明公清信。至制淨住子序。萬門朗奥。億品宣玄。言雖願違。心不覺醉。更未測明公善誘之妙一至如此。博約紛綸。精暉照出。欲罷尚其不能。欲背何以免向。而昔而前。民固不敏。而今而後斯語請事。
民之愚心。正執門範。情於釋老。非敢異同。始私追尋
民門。昔嘗明一同之義。經以此訓張融。融乃著通源
之論。其名少子。少子所明。會同道佛。融之此悟出於
民家。民家既爾。民復何礙。始乃遲遲執迹。今輒兼敬
以心。一不空棄黃老。一則歸依正覺。不期一朝霍然
大悟。悟之所導。舉自明公。不勝踊躍之至。謹啟。

又

事以聞。復竊研道之異。佛止在論極。極未盡耳。道之
論極。極在諸天。佛乃鄙此。不出三界。斯則精麤遠近。

實有慚於大方矣。然尋道家此教。指設機權。其猶仲尼外典。極唯天地。蓋起百姓所見。二儀而已。教本因心。取會萬物。用其所見。順而尊之。當其尊地。俱窮妙物。故老子之槖籥。維摩之無我。合德天地。易家有太極。所以因物之崇天。仍崇之以極妙。而至極終有地。固淵于於天表。老子亦云。有物混成。先天地生。已是道在天外。稍不以天爲道也。何異佛家羅漢。亦指極四果。方至勝鬘。自知有餘地。道之崇天極。猶佛有羅漢果。佛竟不止於羅漢。道亦於天不息。甫信道之所道。定與佛道通源矣。民今心之所歸。輒歸明公之一向道家戒善故與佛家同耳。兩同之處民不苟捨道法。道之所異輒婉輒入公大乘。請於今日不敢復位異同矣。服膺之至謹啟下誠。伏願採其末悔亮其始位退自悔始。自恭自懼謹啟。

又

十一月二十九日。州民御史中丞孔稚珪啟得示具懷。甚有欣然。理本無二。取捨多途。諍論云云。常所慨也。但在始通道則宜然。斅而學者則未可。君但廣尋諸經。不患淪滯其迹也。比面別一二。

答孔中丞書　蕭子良

君此書甚佳。宜廣示諸未達者。

與恆標二公勸罷道書　後秦主姚略

卿等樂道體閑。服膺法門。皦然之操。義誠在可嘉。但朕臨四海。治必須才。方欲招肥遁於山林。搜陸沈於屠肆。況卿等周旋篤舊。朕所知盡。各挹幹時之能。而潛獨善之地。此豈朕求賢之至情。卿等兼弘深趣耶。昔人有言。國有驥而不乘。方惶惶而更索。是之謂也。今敕尚書令顯。便奪卿等二乘之福心。由卿淸名之容室。讚時益世。豈不大哉。苟心存道味。寧係白黑。望體此懷。不以守節爲辭。

答秦主書　　釋道恆道標

奉去月二十八日詔。敕尚書令奪道恆標等法服。承命悲懼。五情失守。俯仰慚惶。無地自厝。恆等誠才質闇短。染法未久。所存既重。眷慕亦深。猥蒙優詔。褒飾過美。開諭誨勵。言理備至。但情之所安。實懷罔已。法服之下。誓畢身命。兼少習佛法。不閑世事。徒發非常之舉。終無殊異之功。雖有拔能之名。而無益時之用。未見機毫之補。將有山嶽之損。竊爲陛下不取也。光武尚能縱嚴陵之心。魏文全管寧之操。折至尊之高懷。遂匹夫之微志。在宥群方。靡不自盡。況陛下以道御物、兼弘三寶。使四方義學之士萃於京師。新異經典流乎遐邇。大法之隆。於茲為盛。方將闡揚洪化。助明振暉。嗣祇洹之遺響。扇靈鷲之餘風。建千載之軌模。為後生之津塗。而恆等豈可獨屈於明時。不得伸其志願。伏願鑒其元元之情。特垂曠蕩通物之理。更賜明詔。聽遂微心。則銜恩九泉。感德累劫。不勝戰悚。謹奉以聞。

詔恆標二公　姚略

省所奏具意。今所以相屈者。時所須也。不復相推本心。以及於此。頗慇懃廣自料理。吾之情趣。想卿等體之在素。不復煩言。便可奉承時命。勉菩薩之蹤耳。

重答秦主

釋道恆道標

道恆等近自陳寫。冀悟聖鑒。重奉明詔。不蒙矜恕。伏讀悲惶。若無神守。陛下仁弘覆載。使物悅其性。恆等少習法化。愚情所樂。誓以微命與法服俱盡。而過恩垂及。眷忘其陋。勸弘菩薩兼濟之道。然志力有限。實所不堪。非徒餘年苟自求免。直愚懷所存。私懷必守。伏願鑒恕一往之誠。不責偏執之咎。特賜恩旨。聽遂微心。屢延明詔。隨用悚息。不勝元元之至。謹重奏以聞。

詔恆標二公　姚略

得重奏一二具之。情事具如前詔。但當開意以從時命。無復煩於鄭重也。

重答秦主　釋道恆道標

道恆等愚意所執具如前表。精誠微薄。不能感悟聖心。累蒙還詔。未蒙慈恕。俯仰憂怖。無復心情。陛下道懷虛納。養物無際。願開天地之恩。得遂一分之志。愚守之誠畢命無辜。分受違詔之愆。甘引無限。屢紆聖聽。追用悚息。不任罔極之情。謹奏以聞。

與鳩摩羅耆婆書　姚略

別已數旬。旋有思想。漸暖。比自何如。小虜遠舉。更無處分。正有憒然耳。頃萬事之殷。須才以理之。近詔道恆等令釋羅漢之服。尋菩薩之跡。想當盤桓耳。然道無不在。法師可勸進之。苟廢其尋道之心。亦何必須爾也。致意遷上人。別來何似。不審韶統復何如。多事。不能一二爲書。恆等亦可煩諸上人勸其令造菩薩之行。

與僧遷等書　姚略

省疏所引。一二具之。朕以謂獨善之美。不如兼濟之功。自守之節。未若拯物之大。雖子陵頡頏於光武。君平傲岸於蜀肆。周黨辭祿於漢朝。杜微稱聾於諸葛。此皆偏尚耿介之士耳。何足以關嘿語之要領高勝之趣哉。今九有未乂。黔黎荼蓼。朕以寡德。獨當其弊。思得羣才。共康至治。法師等雖潛心法門。亦毗世宣敎。縱不能導物化時。勉人爲治。而遠美辭世之許由。近高散髮於謝敷。若九河橫流。人盡爲魚。法師等雖毗世宣敎。亦安施乎。而道恆等伏膺法訓。爲日久矣。然其才用足以成務。故欲枉奪其志。以輔暗政耳。若福報有徵。佛不虛言。拯世急病之功。濟時寧治之勳。功福在此而不在彼。可相誨喻。時副所望。

答秦主書

釋僧䂮等

蓋聞太上以道養民而物自是。其次有德而天下治。是以古之明王。審違性之難御。悟任物之易因。故堯放許由於箕山。陵讓放杖於魏國。高祖縱四皓於終南。叔度辭蒲輪於漢世。晉國戴逵被褐於剡縣。謝敷羅髮於若耶。蓋以適賢之性爲得賢也。故上有明君。下有韋帶。逸民之風垂訓於今矣。今道標恆等德非圓達。分在守節。且少習玄化。伏膺佛道。一往之誠必志匪席。至於敷演妙典。研究幽微。足以啟悟童稚。助化功德。使物識罪福。則有濟苦之益。苟佛不虛言。標等有弘毗耶之訓矣。竊聞近日猥蒙優詔。使釋法服。將擢翠翹於寒條之上。曜扶渠於重冰之下。斯誠陛下仁愛愷悌。寬不世之恩。然聟等眷眷。竊有愚心。以陛下振道德之綱以維六合。恢九德之網以羅四海。使玄風扇千載之前。仁義陶萬世之後。宇宙之外。感純德以化寬。九域之內。肆玄津以逍遙。匹夫無溝壑之怨。嫠婦無停緯之歎。此實所以垂化。海內所以仰賴。愚謂恆標雖區區一介。守所見爲小異。然故在羅網之內。卽是陛下道化之一臣。昔孚佐治十二年。未聞釋奪法衣。形服世議。苟於時有補。袈裟之中。亦有弘益。何足復奪。道與俗違。其適性。昔巢由抗節。堯許俱高。四皓匪降。上下同美。斯乃古今之一揆。百代之同風。且德非管仲。不足華軒堂阜。智非孔明。豈足三顧草廬。願陛下放既往之恩。從其微志。使上不過惠。下不失分。則皇唐之化。於斯而在。箕潁之賓。復見今日矣。碧等庸近。獻愚直言。懼觸天威。追用悚息。僧碧等言。

與遠法師書　晉桓玄

夫至道緬邈。佛理幽深。豈是悠悠常徒所能習求。沙門去棄六親之情。毀其形骸。口絶滋味。被褐帶索。山棲枕石。永乖世務。百代之中。庶或有一髣髴之間。今世道士。雖外毀儀容。而心過俗人。所謂道俗之際。可謂學步邯鄲。匍匐而歸。先聖有言。未知生。焉知死。而令一生之中困苦形神。方求冥冥黃泉下福。皆是管見。未體大化。迷而知反。去道不遠。可不三思。運不居人。忽焉將老。可復追哉。聊贈至言。幸能納之。

答桓南郡書　晉釋慧遠

大道淵玄。其理幽深。銜此高旨。實如來談。然貧道出家。便是方外之賓。雖未踐古賢之德。取其一往之志。削除飾好。落名求實。若使幽冥有枉。故當不謝於俗人。外似不盡。內若斷金。可謂見形不及道。哀哉哀哉。帶索枕石。華而不實。管見之人。不足羨矣。雖復養素山林。與樹木何異。夫道在方寸。假練形爲眞。卞和號慟於荊山。患人不別故也。昔聞其名。今見其人。故莊周悲慨。人生天地之間。如白駒之過隙。以此而尋。孰得久停。豈可不爲將來作資。言學步邯鄲者。新則無功。失其本質。故使邯人匍匐而歸。百代之中有此一也。豈混同以通之。貧道已乖世務。形權於流俗。欲於其中化未化者。雖復沐浴踞傲。奈疑結何。一世之榮。劇若電光。聚則致離。何足貪哉。淺見之徒。其惑哉。可謂下士聞道大而笑之眞可謂迷而不反也貧道形不出人才不應世是故毀其陋質被其割截之服理未能心冥玄化遠存大聖之制豈捨其本懷而酬高誨貧道年與時頽所患未痊乃復曲垂光慰感慶交至檀越信心幽當大法所寄豈有一傷毀其本也將非波旬試嬈之言辭拙寡聞力酬高命蓋是不逆之懷耳

辭劉刺史舉秀才書　　齊釋僧巖

貧道弱齡出家早違俗務遊心釋風志乖孔教雖復道場未即故亦洙訓緬矣方將委質餒獸庶超九劫

之功。分肌哺鴿。情存乘雲之馭。寧能垂翼中田。反跡籠樊。捨夫塗中之適。嬰茲廟堂之累哉。且夫官人以器。位必須才。未有叨越分之舉。終能保其榮也。今輒奉還板命。願收過恩。無令曹公重歎。王舟再慚。補秀之召。非所克堪。釋僧巖呈

答僧巖法師書　　齊劉君白

莊篇有弱喪之謬。釋典有窮子之迷。每讀其書。爲之長慨。敬慎髮膚。揚名後史。仰顯既重。俯弘爲大。遠尋聖言。斯教爲最。近取諸身。實迷情理。瞿曇見此。亦當莫逆於心。況君辨破秋毫。識洞今古。裂冠不疑。拔本

不悟。幽冥相駭。遐邇致驚。昔呂尙抱竿於八十之年。志釣由時未遇。君沈淪未及。冀能有美若人耳。如其不爾。豈不悲哉。僕忝莅梓蕃。庶在明仄。觀貢帝庭。必盡才懿。故欲通所未通。屈所未屈。如來告紛紜。有乖眞唱。苟爲誕說。豈所期耶。昔王祥樵採沂側。耳順始應州命。公孫弘牧豕海上。白首方充鄉舉。終能致位元台。朝天變地。道暢當年。聲流萬載。君意何如。敬布腹心。想更圖之。劉君白答。

與劉刺史書　釋僧巖

紆辱還誨。優旨仍降。徵莊援釋。理據皎然。徒欲伏義辨情。末由也已。雖高義出象。微言入神。鄙懷所執猶或可曉。何者。夫知人者哲。自審者明。忘分味進。良所未安。昔成直應命。終獲滅名之慚。遵祖聘能。卒招楊鵠之恥。若遺我欲效彼。追蹤王呂。恐曝顋龍津。點額衆矣。盜所盜器。與盜同罪。舉失其才。亦賓主交鄙。可不慎乎。又禮云。非指玉帛。孝平豈止保膚。故割肌無譏於前代。斷髮有加於曩辰。斯蓋斬手全軀。所存者大矣。何怪哉。願貸愚執。賜遂陋襟。釋僧巖呈。

答僧巖法師書　劉君白

重獲來簡。始見玄解。皎然之悟。可謂相視而笑矣。君識鑒衆流。智該理奧。每檢感應之源。窮尋分石之說。何嘗不句句破的。洞盡義宗。而苟自謙光。乖其側席。仍踵覆車。無悔敗轍。非知之難。行之不易也。夫去國三年。見似家人者喜。作客日久。寧不悲心。今誓捨重擔而安坐。棄羈旅如還家。對孔懷之好。敦九族之美。趙門欣欣。爲樂已甚。況復文明御運。姬召協政。思賢讚道。日昃忘餐。以君之才。弘君之德。帶玉聲朝。披錦振遠。功濟世猷。名揚身後。與夫髡翦之辱。縲絕之苦。豈可同年而語哉。相與契闊。久要頗練。深志若隱。展禽之賢。怨招臧氏不忠之責。故力疾題心。重敷往白。

歲云暮矣。時不相待。君其勉之。勿有噬臍之悔。劉君白答。

與劉刺史書　　釋僧巖

比日之事。爲可聊作一樂。不謂恩旨綢繆。芳音驟屆。勞誨之厚。一至於斯。伏讀未周。媿汗交集。然鄙志區區。已備前款。且巖之壯也。猶後於人。今既老矣。豈能有爲。夫以耄耋之年。指麾成務。此自蒼靈特授。假首失功。協佐龍飛之英。翼贊革命之主。今欲以東畝之農夫。西園之抒叟。側景前光。參蹤古列。無異策駑足以均騄驪。繫澤雉以雙鸞鶴。斯之不倫。寧俟深察。昔子泰伏命。撫節公孫。豫報智伯。漆身靡悔。今日過賞。德粹兩賢。正恨年逼崦嵫。命急濛汜。吞炭倒戈。永與顏隔。臨紙惻愴。罔識所陳。幸收過眷。不復翻覆。釋僧巖呈。

答僧巖法師書　劉君白

君談天語地。神情如鏡。抽毫拂簡。智思入淵。而幼失理根。蹭蹬皓髮。惜君之才。恆用歎息。君雖心在雲上。而形居坎下。既與黃雀爲羣。恐沒鸑鷟之美。故率弓帛之禮。屈應賓主之舉。徽牘三枉。陋札再詶。苟自謙沖。固辭年耄。度君齒德。方亨元吉。未能俯志者。正當遊翔擇木。待掎桐竹實耳。鄙命輕召。曷足降哉。敬揖清風。肅從所尚。本圖既乖。裁還慚惘。劉君白答。

弘明集卷第十一

音釋

洮他刀切音叨水名猶洗濯也　鄒與鄒同古邾婁國魯穆公改曰鄒　淼音眇大水也狀滔天以淼茫　霢霂音脈木小雨也詩益之以霢霂　薈烏外切音濊薈蔚雲興貌又障也　䂮與略同利也　頡頏音纈航鳥飛貌上飛曰頡下飛曰頏　剡時染切音冉縣名在會稽又銳利也　崦衣炎切音淹崦嵫山名山西南曰崦嵫下有虞泉日所入處　鸑鷟音嶽浞鳳屬神鳥也　掎居綺切羈上聲偏引也繫一腳也古音居我反

弘明集卷第十二

梁楊都建初寺釋僧祐集

余所撰弘明。並集護法之論。然撥錄書表者。蓋事深故也。尋沙門辭世爵祿。弗縻漢魏以來。歷經英聖。皆致其禮。莫求其拜。而庾君專威。妄起異端。桓氏疑陽繼相浮議。若何公莫言。則法相永沈。遠上弗論。則僧事頓盡。望古追慨。安可不編哉。易之蠱爻。不事王侯。禮之儒行。不臣天子。在俗四民。尚有不屈。況棄俗從道。焉責臣禮。故不在於休明。而類出於季運也。至於恆標辭略。遠公距玄。雖全已非奇。然亦足敦厲法要。

日燭既寤俗之談。卽仙三檄亦摧魔之說。故兼載焉。

與釋道安書　晉習鑿齒

興寧三年四月五日。鑿齒稽首和南。承應眞履正明白內融。慈訓兼照。道俗齊蔭。宗虛者悟無常之旨。存有者達外身之權。淸風藻於中夏。鸞響厲乎八冥。玄味遠猷。何榮如之。弟子聞天不終朝而雨六合者彌天之雲也。弘淵源以潤八極者。四大之流也。彼直無爲降。而萬物賴其澤。此本無心行。而高下蒙其潤。況哀世降步。愍時而生。資始繫於度物。明道存乎練俗。乘不疾之輿。以涉無遠之道。命外身之駕。以應十方

之求而可得玉潤於一山冰結於一谷望閬風而不
迴儀措此世而不誨度者哉且夫自大教東流四百
餘年矣雖藩王居士時有奉者而眞丹宿訓先行上
世道運時遷俗未僉悟藻悅濤波下士而已唯肅祖
明皇帝實天降德始欽斯道手畫如來之容口味三
昧之旨戒行峻於巖隱玄祖暢乎無生大塊既唱萬
竅怒呺賢哲君子靡不歸宗日月雖遠光景彌暉道
業之隆莫盛於今豈所謂月光道寂將生眞土靈鉢
東遷忽驗于茲乎又聞三千得道俱見南陽明學開
士陶演眞言上考聖達之誨下測道行之驗深經普

往非斯而誰懷道邁訓舍茲孰降是以此方諸僧咸有傾想目欣金色之瑞耳遲無上之箴老幼等願道俗同懷繫詠之情非常言也若慶雲東徂摩尼迴曜一躡七寶之座暫覩明哲之燈雨甘露於豐草植栴檀於江湄則如來之教復崇於今日玄波逸響重蕩濯於一代矣不勝延豫裁書致心意之蘊積曷云能暢弟子襄陽習鑿齒稽首和南庾闡樂賢堂頌序亦云肅祖明皇帝雅好佛道手摹靈像

與張新安論孔釋書　譙王

佛教以罪福因果有若影響聖言明審令人寒心然

自上古帝皇文武周孔。典謨訓誥。靡不周備。未有明述三世顯敘報應者也。彼衆聖皆窮理盡性。照曉物緣。何得忍視陷溺。莫肯援接。曾無一言示其津逕。且釣而不綱。弋不射宿。博碩肥腯。上帝是享。以此觀之。蓋所難了。想二三子揚搉而陳。使劃然有證。祛其惑焉。

答譙王論孔釋書　張新安

仰復淵旨。匪邇伊教。俯惟未造。鞠躬汎對。竊以爲遂通資感。涉悟籍緣。誠微艮因。則河漢滋惑。故待問擬乎撞鐘。啟發俟於悱憤。夫妙覺窮理。乃聖乃神。光景燭八維。頫仰觀九有。然而運值百齡。資均萬劫者。豈非嘉緣未構。故業化莫孚哉。是以聖靈輟軌。斯文莫載。靡得明徵。理歸指斥。宗致祗以微顯婉成。潛徙冥遠。好生導三世之源。積善啟報應之轍。綢宿昭仁。蒐苗（一作畋）弘信。既以漸漬習成。吝滯日祛。然後道暢皇漢之朝。訓敷永平之祀。物無韡熒。人斯草偃。實知放華猶昏。文宣未旭。非旨睽以異通。諒理均而俱蹟者。附會玄遠。孰夷冒言。謬犯不韙。輕率狂簡。

與沙門論踞食書　鄭道子

夫聖人之訓。修本袪末。即心為教。因事成用。未有反性違形而篤大化者也。雖復形與俗乖。事高世表。至於拜敬之節。揖讓之禮。由中所至。道俗不殊也。故齋講肆業。則備其法服。禮拜有序。先後有倫。敬心內充。而形肅於外。稽首至地。不容企踞之禮。斂衽于拜。事非偏坐所預。而以踞食爲心用。遺儀爲斂麤。事理相違。未見其通者也。夫有爲之教。義各有之。至若般舟苦形以存道。道親而形疏。行之有理。用之有本。踞食之教。義無所弘。進非苦形。退貽慢易。見形而不及道者失其恭肅之情。而啟駭慢之言。豈聖人因事爲教。章甫不適越之義耶。原其所起。或出於殊方之性。或於矯枉之中。指有所救。如病急則藥速。非服御長久之法也。夫形教相稱。事義有倫。既制其三服。行其禮拜節以法鼓。列以次序。安得企踞其間。整慢相背者哉。在昔宜然。則適事所至。一日之用。不可爲永年之訓。理可知也。故問仁者衆。而復禮爲本。今禪念化心。而守跡不變。在理既未。於用又麤。苟所未達。敢不布懷。鄭君頓首。

與王司徒諸公論沙門踞食書　宋范泰

范泰敬白公卿諸賢。今之沙門。坐有二法。昔之祇洹。似當不然。據今外國言語不同。用舍亦異。聖人隨俗制法因方弘教尚不變其言何必苦同其制但一國不宜有二一堂寧可不同而今各信偏見自是非彼不尋制作之意唯此雷同爲美鎭之無主遂至於此無虛於受人有同於必執不求魚兔之實競攻筌罤之末此風不革難乎取道樹王六年以致正覺始明玄宗自敷高座皆結跏趺坐不偏踞也坐禪取定義不夷俟踞食之美在乎食不求飽此皆一國偏法非天下通制亦由寒鄉無絺綌之禮日南絕氈裘之律不可見大禹解裳之初便謂無復章甫請各兩捨以付折衷君子范泰區區正望今集一食之同過此已

往來之或知。禮以和貴。僧法尚同。今升齋堂。對聖像。堂如神在像中。四雙八輩。義無云異。自矜之情。寧可試暫不我釋。公往在襄陽。偏法已來。思而不變。當有其旨。是以投錫乘車。義存同衆。近禪師道場天會。亦方其坐。豈非存大略小。理不兼舉故耶。方坐無時。而偏踞有時。自方以恆適異爲難。嘗變取同爲易。且主人降己敬賓。有自來矣。更諮義公。了不見酬。是以敬白同意。以求厥中。願惠咳嗽之餘。以蔽怯弱之情。

答范伯倫諸檀越書　宋釋慧義等

祇洹寺釋慧義等五十人。敬白諸檀越。夫沙門之法。

正應謹守經律。以信順爲本。若欲違經反律。師心自是。此則大法之深患。穢道之首也。如來制戒。有開有閉。開則行之無疑。閉則莫之敢犯。戒防沙門不得身手觸近女人。凡持戒之徒。見所親漂溺深水。視其死亡。無敢救者。於是世人謂沙門無慈。此何道之有。是以如來爲世譏嫌。開此一戒。有難聽救。如來立戒。是晝一之制。正可謹守而行。豈容以意專輒改作。俗儒猶尚謹守夏五。莫敢益其月者。將欲深防穿鑿之徒。杜絕好新樂異之客。而況三達制戒。豈敢妄有通塞。范檀越欲令此衆改偏從方。求不異之和。雖貪和之

爲美。然和不以道。則是求同。非求和也。祗洹自有衆
已來。至於法集。未嘗不有方偏二衆。既無經律爲證。
而忽欲改易佛法。此非小事。實未敢高同。此寺受持
僧祇律。爲日已久。且律有明文。說偏食法凡八議。若
無偏食之制。則無二百五十矣。云食不得置於牀上。
所棄之食置於右足邊。又云不得懸足累脛。此豈非
偏食之明證哉。戒律是沙門之祕法。自非國主。不得
預聞。今諸檀越疑惑方偏。欲生興廢。貧道不得不擁
其輕重。略舉數條。示其有本。甘受宣戒之罪。佛法通
塞。繼諸檀越。通則其獲護法之功。塞必相與有誠法

之罪。幸願三思。令幽顯無恨。

重答法師慧義等書　范泰

前論已包此通。上人意强氣猛。弗之尋耳。戒以防非。無非何戒。故愚惑之夫。其戒隨俗變律。華夏本不偏企。則聚骨交脛之律。故可得而略。手食之戒。無用匙筯之文。何重偏坐而輕手食。律不得手近女人。尋復許親溺可援。是爲凡夫之疑。果足以改聖人之律。益知二百五十。非自然定法。如此。則固守不爲全得。師心未足多怪。夏五闕文。固守不爲疑。明愼所見。苟了。何得顧衆而動。企之爲義。意在宜進。欲速則事不得行。端坐則不安其居。時有踞傲之夫。故非禮法所許。一堂兩制。上人之同泯焉莫逆。弟子之和孑然單獨。何敢當五十大陣。是用畏敵而默。庶乎上善之救。

與生觀二法師書　范泰

外國風俗。還自不同。提婆始來。義觀之徒莫不沐浴鑽仰。此蓋小乘法耳。便謂理之所極。謂無生方等之經皆是魔書。提婆末後說經。乃不登高座。法顯後至。泥洹始唱。便謂常住之言。衆理之最。般若宗極皆出其下。以此推之。便是無主於內有聞輒變。譬之於射。後破奪先。則知外國之律非定法也。偏坐之家。無時而正高座說法，亦復企踞，外國食多用手，戒無匙筯，慧義之徒，知而不改，至於偏坐，永爲不慚，同自爲矛盾，其誰能解，弟子意常謂與人同失，賢於自伐其是，推心樂同，非敢許以求直，今之奉法，白衣決不可作外國被服，沙門何必苦守偏俗。

論沙門踞食表 三首

范泰

臣言，陛下體達佛理，將究其致，遠心遐期，研精入微，但恨起予非昔，對揚未易，臣少信大法，積習善性，頗聞餘論，髣髴玄宗，往者侍坐，過蒙眷誘，意猥詞訥，不能有所運通，此之爲恨，畢世無已，臣近難慧義踞食，蓋區區樂同之意。不敢求長於人。側餐下風。已達天聽。臣請此事自一國偏法。非經通永制。外國風俗不同。言論亦異。聖人不變其言。何獨苦改其用。言以宣意。意達言忘。儀以存敬。敬立形廢。是以聖人因事制戒。隨俗變法。達道乃可無律。思夫其防彌繁。用捨有時。通塞惟理。膠柱守株。不以疏乎。今之沙門匠之善誘。道無長壹。各信所見。尠能虛受。乃至競異於一堂之間。不和於時雍之世。臣竊恥之。況於異臣者乎。司徒弘達悟有理中。不以臣言爲非。今之令望。信道未篤。意無前定。以兩順爲美。不斷爲大。俟此而制。河可清矣。慧嚴道生。本自不企。慧觀似悔始位。伏度聖心。已當有在。今不望明詔孤發。但令聖旨麤達宰相。則下觀而化。孰曰不允。皇風方當遠暢。文軌將就大同。小異雖微。漸不可長。青青不伐。將尋斧柯。故宜自邇及遠。令無思不服。江左中興。高座來遊。愛樂華夏。不言此制。釋公信道最篤。不苦其節。思而不改。容有其旨。羅什卓犖不羈。不可測。落髮而不偏踞。如復可尋。禪師初至。詣闕求通。欲以故牀入踞。理不可開。故不許其進。後東安衆集。果不偏食。此卽先朝舊事。臣所親見者也。謹啟。

又

臣言。陛下近遊祇洹。臣固請碑讚。如憶髣髴有許。法駕既遊。臣輒仰刊碑上曰。皇帝讚正此三字而已。專輒之罪。思臣所甘。至於記福冥中。未知攸濟。若賜神筆數字。臣死且不朽。以之弘獎。風尚有益而無損。萬機脫有未暇。聖旨自可笑哂之。左史侍衛之臣。寧無自效之心。禆諶世叔。何遠之有。可不勞聖慮。亦冕旒之意也。臣事久謝。生塗已盡。區區在心。唯來世而已。臣受恩深重。祿賜有餘。自度終無報於聖世已矣。葢首並結草之誠。願陛下哀而弗責。臣言。詔知與慧義論踞食。近亦麤聞率意。不異來旨。但不看佛經。無緣制以所見耳。不知慧嚴云何。道生便是懸同。慧觀以未肯悔其始位也。比自可與諸道人更求其中耶。祇洹碑讚。乃不憶相許。既非所習。加以無暇。不獲相酬。甚以爲恨。

又

臣言。奉被明詔。悚懼屏營。管穴偏見。不足陳聞。直以事已上達。不寧寢默。今敕又令更求其中。是用狷狂。復申本懷。臣謂理之所在。幸可不以文害意。五帝不相襲禮。三王不沿其樂。革命隨時。其義並大。莊周以古今譬舟車孟軻以專信書不如無書是故證羊非直聞斯兩用大道之行天下爲家臣之區區一堂之同而況異俗偏制本非中庸之教生義觀得蒙弘接聖旨脫有下問望其依理上酬不敢以多自助取長於人慧觀答臣都無理據唯褒臣以過言貶臣以于非推此疑其必悔未便有反善怙辭臣弘亦謂爲然慧義弘陣已崩走伏路絕恃此爲救難乎自免況復司契在上道辭知窮臣近難慧觀輒復上呈如左臣以愚鄙將智而耄豈惟言之不中深懼不覺其惛侍衞之臣實時之望既不能矜臣此意又不能誨臣不

逮。此皆臣自招之自咎而已。伏願陛下錄其一往之至。不以知拙爲罪。復敦冒昧干穢。竊恃古典。不加刑之耳。

奏沙門不應盡敬表 有序

晉何充等

晉咸康六年。成帝幼沖。庾冰輔政。謂沙門應盡敬王者。尚書令何充等議不應敬。下禮官詳議。博士議與充同。門下承冰旨爲駁。尚書令何充。及僕射褚翌。諸葛恢。尚書馮懷。謝廣等。奏沙門不應盡敬。

尚書令冠軍撫軍都鄉侯臣充。散騎常侍左僕射長平伯臣翌。散騎常侍右僕射建安伯臣恢。尚書關中侯臣懷。守尚書昌安子臣廣等言。世祖武皇帝以盛明革命。肅祖明皇帝聰聖玄覽。豈于時沙門不易屈膝。顧以不變其修善之法。所以通天下之志也。愚謂宜遵承先帝故事。於義爲長。

代晉成帝沙門不應盡敬詔　晉庾冰

夫萬方殊俗。神道難辨。有自來矣。達觀傍通。誠當無怪。況跪拜之禮。何必尚然。當復原先王所以尚之之意。豈直好此屈折而坐遘槃辟哉。固不然矣。因父子之敬。建君臣之序。制法度。崇禮秩。豈徒然哉。良有以矣。既其有以。將何以易之。然則名禮之設。其無情乎。

且今果有佛耶。將無佛耶。有佛耶。其道固弘。無佛耶。義將何取。繼其信然。將是方外之事。方外之事。豈方內所體。而當矯形骸。違常務。易禮典。棄名教。是吾所甚疑也。名教有由來。百代所不廢。昧旦丕顯。後世猶殆。殆之爲弊。其故難尋。而今當遠慕芒昧。依稀未分。棄禮於一朝。廢教於當世。使夫凡流慠逸憲度。又是吾之所甚疑也。縱其信然。縱其有之。吾將通之於神明。得之於胷懷耳。軌憲宏模。固不可廢之於正朝矣。凡此等類。皆晉民也。論其才智。又常人也。而當因所說之難辨。假服飾以陵度。抗殊俗之慠禮。直形骸於萬乘。又是吾所弗取也。諸君並國器也。悟言則當測幽微。論治則當重國典。苟其不然。吾將何述焉。

沙門不應盡敬表　何充等

尚書令冠軍撫軍都鄉侯臣充。散騎常侍左僕射長平伯臣翌。散騎常侍右僕射建安伯臣恢。尚書關中侯臣懷。守尚書昌安子臣廣等言。詔書如右。臣等闇短。不足以讚揚聖旨。宣暢大義。伏省明詔。震懼屏營。輒共尋詳。有佛無佛。固非臣等所能定也。然尋其遺文。鑽其要旨。五戒之禁。實助王化。賤昭昭之名行。貴冥冥之潛操。行德在於忘身。抱一心之清妙。且興自漢世。迄于今日。雖法有隆衰。而弊無妖妄。神道經久。未有其比也。夫詛有損也。祝必有益。臣之愚誠。實願塵露之微。增潤嵩岱。區區之況。上俾皇極。今一令其拜。遂壞其法。令修善之俗。廢於聖世。習俗生常。必致愁懼。隱之臣心。竊所未安。臣雖矇蔽。豈敢以偏見疑誤聖聽。直謂世經三代。人更明聖。今不爲之制。無虧王法。而幽冥之格。可無壅滯。是以復陳愚誠。乞垂省察。謹啟。

重代晉成帝沙門不應盡敬詔　庾冰

省所陳具情旨。幽昧之事。誠非寓言所盡。然其較略。

及大人神常度。麤復有分例耳。大都百王制法。雖質文隨時。然未有以殊俗參治。怪誕雜化者也。豈曩聖之不達。而來聖之宏通哉。且五戒之才。善麤擬似人倫。而更於世主略其禮敬耶。禮重矣。敬大矣。爲治之綱盡於此矣。萬乘之君。非好尊也。區域之民。非好卑也。而尊卑不陳。王教不得不一。二之則亂。斯曩聖所以憲章。體國所宜不惑也。通才博採。往往備其事。修之家可矣。修之國及朝則不可。斯豈不遠也。省所陳果亦未能了有之與無矣。縱其了。猶謂不可以參治。而況都無。而當以兩行耶。

重奏沙門不應盡敬表

何充等

臣等雖誠闇蔽。不通遠旨。至於乾乾夙夜。思循王度。寧苟執偏管而亂大倫。直以漢魏逮晉。不聞異議。尊卑憲章。無或暫虧也。今沙門之慎戒專專然。及爲其禮一而已矣。至於守戒之篤者。亡身不吝。何敢以形骸而慢禮敬哉。每見燒香呪願。必先國家。欲福祐之隆。情無極已。奉上崇順。出於自然。禮儀之簡。蓋是專一守法。是以先聖御世因而弗革也。天網恢恢。疏而不失。臣等慺慺以爲不令致拜。於法無虧。因其所利而惠之。使賢愚莫敢不用情。則上有天覆地載之施。

下有守一修善之人。謹復陳其愚淺。願蒙省察。謹啟。

于時庾冰議寢。竟不施敬。

與八座論沙門敬事書　桓玄

玄再拜白。頓首。八日垂至。舊諸沙門皆不敬王者。何庾雖已論之。而並率所見。未是以理屈也。庾意在尊主。而理據未盡。何出於偏信。遂淪名體。夫佛之為化。雖誕以茫浩。推於視聽之外。然以敬為本。此處不異。蓋所期者殊。非敬恭宜廢也。老子同王侯於三大。原其所重。皆在於資生通運。豈獨以聖人在位而比稱二儀哉。將以天地之大德曰生。通生理物。存乎王者。

故尊其神器。而禮實惟隆。豈是虛相崇重。義存君御而已哉。沙門之所以生生資存。亦日用於理命。豈有受其德而遺其禮。沾其惠而廢其敬哉。既理所不容。亦情所不安。一代之大事。宜共求其衷。想復相與研盡之。比八日令得詳定也。桓玄再拜頓首。

答桓玄論沙門敬事書　晉桓謙等

中軍將軍尚書令宜陽開國侯桓謙等。惶恐死罪。奉誨使沙門致敬王者。何庾雖論意未究盡。此是大事。宜使允中。實如雅論誨。然佛法與老孔殊趣。禮教正乖。人以髮膚爲重。而髡削不疑。出家棄親。不以色養爲孝。土木形骸。絶欲止競。不期一生。要福萬劫。世之所貴已皆落之。禮教所重意悉絶之。資父事君。天屬之至。猶離其親愛。豈得致禮萬乘。勢自應廢。彌歷三代。置其絶羈。當以神明無方。亦不以涯檢。視聽之外。或別有理。今便使其致恭。恐應革者多。非惟拜起。又王者奉法出於敬信。其理而變其儀。復是情所未了。即而容之。乃是在宥之弘。王令以別答公難。孔國張敞在彼。想已面諮所懷。道寶諸道人。並足酬對高旨。下官等不諳佛理。率情以言。愧不足覽。謙等惶恐死罪。

與王中令難沙門應敬王事　桓玄

沙門抗禮至尊。正自是情所不安。一代大事。宜共論盡之。今與八座書向已送都。今付此信。君是宜任此理者。遲聞德音。

答桓太尉　王謐

領軍將軍吏部尚書中書令武岡男王謐惶恐死罪。奉誨及道人抗禮至尊。并見與八座書。具承高旨。容音之唱。辭理兼至。近者亦麤聞公道。未獲究盡。尋何庾二旨。亦恨不悉。以為二論漏於偏見。無曉然厭心處。真如雅誨。夫佛法之興。出自天竺。宗本幽遐。難以言辨。既涉乎敎。故可略而言耳。意以爲殊方異俗。雖所安每乖。至於君御之理。莫不必同。今沙門雖意深於敬。不以形屈爲禮。迹充率土。而趣超方內者矣。是以外國之君。莫不降禮。良以道在則貴。不以人爲輕重也。尋大法宣流。爲日諒久。年踰四百。歷代有三。雖風移政易。而弘之不異。豈不以獨絕之化。有日用於陶漸。清約之風。無害於隆平者乎。故王者拱己。不恨恨於缺戶。沙門保眞。不自疑於誕世者也。承以通生理物。在乎王者。考諸理歸。實如嘉論。三復德音。不能已已。雖欲奉酬。言將無寄。猶以爲功高者不賞。惠深者忘謝。雖復一拜一起。亦豈足答濟通之德哉。公眷眄未遺。猥見逮問。輒率陳愚管。不致嫌於所奉耳。願不以人廢言。臨白反側。諡惶恐死罪。

難王中令　　桓玄

來示云。沙門雖意深於敬。而不以形屈爲體。難曰。沙門之敬。豈皆略形存心。懺悔禮拜。亦篤於事。爰暨之師。逮于上座。與世人揖跪。但爲小異。其制耳。既不能忘形於彼。何爲忽儀於此。且師之爲理。以資悟爲德。君道通生。則理宜在本。在三之義。豈非情理之極哉。來示云。外國之君。莫不降禮。良以道在則貴。不以人爲輕重也。難曰。外國之君。非所宜喻。而佛教之興。亦其旨可知。豈不以六夷驕强。非常教所化。故大設靈奇。使其畏服。既畏服之。然後順軌。此蓋是本懼鬼神福報之事。豈是宗玄妙之道耶。道在則貴。將異於雅旨。豈得被其法服。便道在其中。若以道在然後爲貴。就如君言。聖人之道。道之極也。君臣之敬。愈敦於禮。如此則沙門不敬。豈得以道在爲貴哉。

來示云。歷年四百。歷代有三。而弘之不異。豈不以獨絶之化。有日用於陶漸。清約之風。無害於隆平者乎。

難曰。歷代不革。非所以爲證也。曩者晉人略無奉佛。

沙門徒衆。皆是諸胡。且王者與之不接。故可任其方俗。不爲之檢耳。今主上奉佛。親接法事。事異於昔。何可不使其禮有準。日用淸約。有助于教。皆如君言。此蓋是佛法之功。非沙門傲誕之所益也。今篤以祗敬。將無彌濃其助哉。

來示云。功高者不賞。惠深者忘謝。雖復一拜一起。豈足答濟通之恩。難曰。夫理至無酬。誠如來示。然情在罔極。則敬自從之。此聖人之所以緣情制禮。而各通其寄也。若以功深惠重。必略其謝。則釋迦之德。爲是深耶。爲是淺耶。若淺耶。不宜以小道而亂大倫。若深耶。豈得彼肅其恭而此弛其敬哉。

答桓太尉　　晉王謐

難曰。沙門之敬。豈皆略形存心。懺悔禮拜。亦篤於事哉。答曰。夫沙門之道。自以敬爲主。但津塗既殊。義無降屈。故雖天屬之重。形體都盡也。沙門所以推宗師長。自相崇敬者。良以宗致既同。則長幼咸序。資通有係。則事與心應。原佛法雖曠。而不遺小善。一分之功。報亦應之。積毫成山。義斯著矣。

難曰。君道通生。則理應在本。在三之義。豈非情理之極哉。答曰。夫君道通生。則理同造化。夫陶鑄敷氣功

則弘矣。而未有謝惠於所稟，酬感於理本者。何以
冥本幽絶，非物象之所舉，運通理妙，豈麤迹之能酬。
是以夫子云：可使由之，不可使知之。此之謂也。

難曰：外國之君，非所應喻，佛教之興，亦其旨可知。豈
不以六夷驕强，非常教所化，故大設靈奇，使其畏服。

答曰：夫神道設教，誠難以言辯，意以爲大設靈奇，示
以報應，此最影響之實理，佛教之根要。今若謂三世
爲虚誕，罪福爲畏懼，則釋迦之所明，殆將無寄矣。常
以爲周孔之化，救其甚弊，故言迹盡乎一生，而不開
萬劫之塗。然遠探其旨，亦往往可尋。孝悌仁義，明不

謀而自周。四時之生殺。則矜慈之心見。又屢抑仲由之問。亦似有深旨。但教體既殊。故此處常昧耳。靜而求之。殆將然乎。殆將然乎。

難曰。君臣之敬。愈敦於禮。如此。則沙門不敬。豈得以道在爲貴哉。答曰。重尋高論。以爲君道運通。理同三大。是以前條已麤言意。以爲君人之道。竊同高旨。至於君臣之敬。則理盡名教。今沙門既不臣王侯。故敬與之廢耳。

難曰。歷代不革。非所以爲證也。曩者晉人略無奉佛。沙門徒衆。皆是諸胡。且王者與之不接。故可任其方俗不爲之檢耳。答曰。前所以云歷有年代者。正以容養之道。要當有以故耳。非謂已然之事無可改之理也。此蓋言勢之所至。非畫然所據也。胡人不接王者又如高唱。前代之不論。或在於此耶。

難曰。此蓋是佛法之功。非沙門傲誕之所益。今篤以祇敬。將無彌濃其助哉。答曰。敬尋來論。是不誣佛理也。但傲誕之迹。有虧大化。誠如來誨。誠如來誨。意謂沙門之道。可得稱異。而非傲誕。今若以千載之末。淯風轉薄。橫服之徒。多非其人者。敢不懷愧。今但謂自理而默。差可遺人而言道耳。前答云。不以人爲輕重。

微意在此矣。

難曰。若以功深惠重。必略其謝。則釋迦之德。爲是深耶。爲是淺耶。若淺耶。不宜以小道而亂大倫。若深耶。豈得彼肅其恭。而此弛其敬哉。答曰。以爲釋迦之道。深則深矣。而瞻仰之徒。彌篤其敬者。此蓋造道之倫。必資行功。行功之美。莫尙於此。如斯乃積行之所因。來世之關鍵也。且致敬師長。功猶難抑。況擬心宗極。而可替其禮哉。故雖俯仰累劫。而非謝惠之謂也。

難王中令　桓玄

省示。猶復未釋所疑。因來告復麤有其難。夫情敬之理豈容有二。皆是自內以及外耳。既入於有情之境。則不可得無也。若如來言。王者同之造化。未有謝惠於所稟。厝感於理本。是爲功玄理深。莫此之大也。則佛之爲化復何以過茲。而來論云。津塗既殊。則義無降屈。宗致既同。則長幼成序。資通有係。則事與心應。若理在已本。德深居極。豈得云津塗之異。而云降屈耶。宗致爲是何耶。若以學業爲宗致者。則學之所學。故是發其自然之性耳。苟自然有在。所由而稟。則自然之本居可知矣。資通之悟。更是發瑩其末耳。事與心應。何得在此而不在彼。又云。周孔之化。救其甚弊。

故盡於一生。而不開萬劫之塗。夫以神奇爲化。則其教易行。異於督以仁義。盡於人事也。是以黃巾妖惑之徒。皆赴者如雲。若此爲實理。行之又易。聖人何緣捨所易之實道。而爲難行之末事哉。其不然也。亦以明矣。將以化教殊俗。理在權濟。恢誕之談。其趣可知。又云。君臣之敬。理盡名教。今沙門既不臣王侯。故敬與之廢。何爲其然。夫敬之爲理。上紙言之詳矣。君臣之敬。皆是自然之所生。理篤於情本。豈是名教之事耶。前論已云。天地之大德曰生。通生理物。存乎王者。苟所通在斯。何得非自然之所重哉。又云。造道之倫必資功行。積行之所因。來世之關鍵也。擬心宗極。不可替其敬。雖俯仰累劫。而非謝惠之謂。請復就來旨而借以爲難。如來告。是敬爲行首。是敦敬之重也。功行者。當計其爲功之勞耳。何得直以珍仰釋迦而云莫尙於此耶。惠無所謝。達者所不惑。但理根深極。情敬不可得無耳。臣之敬君。豈謝惠者耶。

答桓太尉　　王謐

奉告。并垂重難。具承高旨。此理微緬。至難唐言。又一代大事。應時詳盡。下官才非拔幽。特乏研析。且妙難精詣。益增茫惑。但高旨旣臻。不敢默已。輒復率其短見妄酬來誨無以啓發容致祇用反側願復詢諸道人通才鑑其不逮公云宗致爲是何耶若以學業爲宗致者則學之所學故是發其自然之性耳苟自然有在所由而稟則自然之本居可知矣今以爲宗致者是所趣之至道學業者日用之筌罤今將欲趣彼至極不得不假筌罤以自運耳故知所假之功未是其絕處也夫積學以之極者必階麤以及妙魚獲而筌廢理斯見矣公以爲神奇之化易仁義之功難聖人何緣捨所易之實道而爲難行之末事哉其不然也亦以明矣意以爲佛之爲敎與內聖永殊既云其

殊理則無並今論佛理故當依其宗而立言也然後通塞之塗可得而詳矣前答所以云仁善之行不殺之旨其若似可同者故引以就此耳至於發言抗論津徑所歸固難得而一矣然愚意所見乃更以佛教爲難也何以言之今內聖所明以爲出其言善應若影響如其不善千里違之如此則善惡應於俄頃禍福交於目前且爲仁由己弘之則是而猶有棄正而即邪背道而從欲者矣況佛教喻一生於彈指期要終於永劫語靈異之無位設報應於未兆取之能信不亦難乎是以化暨中國悟之者尠故本起經云正

言似反。此之謂矣。公云。行功者當計其爲功之勞。何得直以珍仰釋迦而云莫尙於此耶。請試言曰。以爲佛道弘曠。事數彌繁。可以練神成道。非唯一事也。至於在心無倦。於事能勞。珍仰宗極。便是行功之一耳。前答所以云莫尙於此者。自謂擬心宗轍其理難尙。非謂禮拜之事便爲無取也。但旣在未盡之域。不得不有心於希通。雖一分之輕微。必終期之所須也。公云。君臣之敬。皆是自然之所生。理篤於情本。豈是名教之事耶。敬戢高論。不容間然。是以前答云。君人之道。竊同高旨者。意在此也。至於君臣之敬。事盡揖拜。

故以此爲名教耳。非謂相與之際。盡於形迹也。請復重伸以盡微意。夫太上之世。君臣已位。自然情愛。則義著化本。於斯時也。則形敬蔑聞。君道虛運。故相忘之理泰。臣遇冥陶。故事盡於知足。因此而推。形敬不與心爲影響。殆將明矣。及親譽既生。茲禮乃興。豈非後聖之制作。事與時應者乎。此理虛邈。良難爲辨。如其未允。請俟高尚。

與王中令書　桓玄

來難手筆甚佳。殊爲斐然。可以爲釋疑處。殊是未至也。遂相攻難。未見其已。今復料要明在三之理。以辨對輕重。則敬否之理可知。想研微之功。必在苦析耳。八日已及。今與右僕射書。便令施行敬事尊主之道。使天下莫不敬。雖復佛道無以加其尊。豈不盡善耶。事雖已行。無預所論。宜究也。想諸人或更有精析耳。可以示仲文。

重難王中令　　桓玄

比獲來示。幷諸人所論。並未有以釋其所疑。就而爲難。殆以流遷。今復重伸前意而委曲之。想足有以頓白馬之轡。知辨制之有耳。夫佛教之所重。全以神爲貴。是故師徒相宗。莫二其倫。凡神之明闇。各有本分。

分之所資稟之有本。師之爲功，在於發悟。譬猶荆璞而瑩拂之耳。若質非美玉，琢磨何益。是爲美惡存乎自然。深德在於資始。拂瑩之功，實己求焉。旣懷玉在中，又匠以成器。非君道則無以伸遂此生，而通其爲道者也。是爲在三之重。而師爲之末。何以言之。君道兼師。而師不兼君。教以弘之。法以齊之。君之道也。豈不然乎。豈可以在理之輕，而奪宜尊之敬。三復其理。愈所疑駭。制作之旨，將在彼而不在此。錯而用之，其弊彌甚。想復領其趣，而貴其事。得之濠上耳。

重答桓太尉　王謐

重虧嘉誨云。佛之爲教。以神爲貴。神之明闇。各有本分。師之爲理。在於發悟。至於君道。則可以伸遂此生。通其爲道者也。示爲師無該通之美。君有兼師之德。弘崇主之大禮。折在三之深淺。實如高論。實如高論。下官近所以脫言鄙見。至於往反者。緣顧問既萃。不容有隱。乃更成別辯一　理。非但習常之惑也。既重研妙旨。理實恢邈。曠若發蒙。於是乎在。承已命庾恆施行其事。至敬時定。公私幸甚。下官瞻仰所悟。義在擊節。至於濠上之誨。不敢當命也。

與遠法師書　　桓玄

沙門不敬王者既是情所不了於理又是所未諭一代大事不可令其體不允近與八座書令示君君可述所以不敬意也此便當行之於事一二令詳遣想君必有以釋其所疑耳王領軍大有任此意近亦同遊謝中面共諮之所據理殊未釋所疑也令郭江州取君答可旨付之

答桓太尉書　釋慧遠

詳省別告及八座書問沙門所以不敬王者意義在尊主崇上遠存名體徵引老氏同王侯於三大以資生運通之道故宜重其神器若推其本以尋其源咸

稟氣於兩儀受形於父母則以生生通運之道爲弘資存日用之理爲大故不宜受其德而遺其禮沾其惠而廢其敬此檀越立意之所據貧道亦不異於高懷求之於佛教以尋沙門之道理則不然何者佛經所明凡有二科一者處俗弘教二者出家修道處俗則奉上之禮尊親之敬忠孝之義表於經文在三之訓彰於聖典斯與王制同命有若符契此一條全是檀越所明理不容異也出家則是方外之賓迹絕於物其爲敎也達患累緣於有身不存身以息患知生生由於稟化不順化以求宗求宗不由於順化故不

重運通之資。息患不由於存身。故不貴厚生之益。此理之與世乖。道之與俗反者也。是故凡在出家。皆隱居以求其志。變俗以達其道。變俗服章不得與世典同禮。隱居則宜高尚其迹。夫然。故能拯溺族於沉流。拔幽根於重劫。遠通三乘之津。廣開人天之路。是故內乖天屬之重。而不違其孝。外闕奉主之恭。而不失其敬。若斯人者。自誓始於落簪。立志成於暮歲。如令一夫全德。則道洽六親。澤流天下。雖不處王侯之位。固已協契皇極。大庇生民矣。如此。豈坐受其德。虛沾其惠。與夫尸祿之賢同其素餐者哉。檀越頃者以有其服而無其人。故澄清簡練。容而不雜。此命既宣。皆人百其誠。遂之彌深。非言所喻。若復開出處之迹。以弘方外之道。則虛襟者挹其遺風。漱流者味其餘津矣。若澄簡之後。猶不允情。其中或眞僞相冒。涇渭未分。則可以道廢人。固不應以人廢道。以道廢人。則宜去其服。以人廢道。則宜存其禮。禮存則制教之旨可尋。迹廢則遂志之歡莫由。何以明其然。夫沙門服章法用。雖非六代之典。自是道家之殊制。俗表之名器。名器相涉。則事乖其本。事乖其本。則禮失其用。是故愛夫禮者。必不虧其名器。得之不可虧。亦有自來矣。

夫遠遵古典者。猶存告朔之餼羊。餼羊猶可以存禮。豈況如來之法服耶。推此而言。雖無其道。必宜存其禮。禮存則法可弘。法可弘則道可尋。此古今所同。不易之大法也。又袈裟非朝宗之服。鉢盂非廊廟之器。軍國異容。戎華不雜。剃髮毀形之人。忽厠諸夏之禮。則是異類相涉之象。亦竊所未安。檀越奇韻挺於弱年。風流邁於季俗。猶參究時賢。以求其中。此而推之。必不以人廢言。貧道西垂之年。假日月以待盡。情之所惜。豈存一己。苟恪所執。蓋欲令三寶中興於命世之運。明德流芳於百代之下耳。若一旦行此。佛教長淪。如來大法。於茲泯滅。天人感歎。道俗革心矣。貧道幽誠所期。復將安寄。緣眷遇之隆。故殫其所懷。執筆悲懣。不覺涕泗橫流。

重答遠法師書　桓玄

知以方外遺形。故不貴爲生之益。求宗不由順化。故不重運通之資。又云內乖天屬之重。而不違其孝。外闕奉主之恭。而不失其敬。若如來言。理本無重。則無緣有致孝之情。事非資通。不應復有致恭之義。君親之情。許其未盡。則情之所寄。何爲絕之。夫累著在於心滯。不由形敬。形敬蓋是心之所用耳。若乃在其本而縱以形敬。此復所未之諭。又云佛教爲弘。亦有處俗之教。或澤流天下。道洽六親。固以協贊皇極。而不虛沾其德矣。夫佛敬存行。各以事應。因緣有本。必至無差者也。如此。則爲道者亦何能違之哉。是故釋迦之道。不能超白淨於津梁。雖未獲須陀。故是同國人所蒙耳。就如來言。此自有道深德之功。固非今之所謂宜教者所可擬議也。來示未能共求其理。便大致慨然。故是未之喻也。想不惑留常之滯。而謬情理之用耳。

許沙門不致禮詔　桓玄

門下。佛法宏誕。所不能了。推其篤至之情。故寧與其敬耳。今事既在已。苟所不了。且當寧從其略。諸人勿復使禮也。便皆使聞知。

答桓玄詔　　晉卞嗣之　袁恪之

十二月三日。侍中臣卞嗣之。給事黄門侍中臣袁恪之言。詔書如右。神道冥昧。聖詔幽遠。陛下所弘者大。爰逮道人奉佛者耳。率土之民。莫非王臣。而以向化法服。便抗禮萬乘之主。愚情所未安。拜起之禮。豈虧其道。尊卑大倫。不宜都廢。若許其名教之外。闕其拜敬之儀者。請一斷引見。啟可紀識。謹啟。

詔　　桓玄

何緣爾。便宜奉詔。

答桓玄詔　　馬範卞嗣之

太亨二年十二月四日。門下通事令史臣馬範侍中臣嗣之言。啟事重。被明詔。崇沖挹之至。復謙光之道。愚情眷眷。竊有未安。治道雖殊。理至同歸。尊君尊親。法教不乖。老子稱四大者。其尊一也。沙門所乘雖異。跡不超世。豈得不同乎天民。陛下誠欲弘之於上。然卑高之禮。經治之典。愚謂宜俯順羣心。永爲來式。請如前所啟。謹啟。

詔　桓玄

置之使自已。亦是兼愛九流。各遂其道也。

答桓玄詔　卞嗣之

侍中祭酒臣嗣之言。重被明詔如右。陛下至德圓虛。使吹萬自已。九流各徇其美。顯昧並極其致。靈澤幽流。無思不懷。羣方所以資通。天人所以交暢。臣聞佛教以神慧爲本。導達爲功。自斯已還。蓋是斂麤之用耳。神理緬邈。求之於自形而上者。虔肅拜起。無虧於戒。若行道不失其爲恭。王法齊敬於率土。道憲兼隆。內外咸得矣。臣前受外任。聽承疏短。乃不知去春已有明論。近在直被詔。便率其愚情。不懼允合。還此方見斯事屢經神筆。宗致悠邈。理析微遠。非臣駑鈍所能擊讚。沙門抗禮。已行之前代。今大明旣升。道化無外。經國大倫。不可有闕。請如先所啟。攝外施行。謹啟。

詔　　桓玄

自有內外兼弘者。何其於用前代理。卿區區惜此更非讚其道也。

答桓玄詔　　卞嗣之

始元元年十二月二十四日。侍中祭酒臣嗣之言。重奉詔。自有內外兼弘者。聖旨淵通。道冠百王。伏讚仰歎。非愚淺所逮。尊主祇法。臣下之節。是以拳拳頻執所守。明詔超邈。遠略常均。臣闇短不達。追用愧悚。輒奉詔付外宣攝遵承。謹啟。

與僚屬沙汰僧衆教　桓玄

夫神道茫昧。聖人之所不言。然惟其制作所弘。如將可見。佛所貴無爲。慇懃在於絕欲。而比者陵遲。遂失斯道。京師競其奢淫。榮觀紛於朝市。天府以之傾匱。名器爲之穢黷。避役鍾於百里。逋逃盈於寺廟。乃至一縣數千。猥成屯落。邑聚遊食之羣。境積不羈之衆。其所以傷治害政。塵滓佛教。固已彼此俱弊。實污風軌矣。便可嚴下在此諸沙門。有能伸述經誥。暢說義理者。或禁行修整。奉戒無虧。恆爲阿練若者。或山居養志。不營流俗者。皆足以宣寄大化。亦所以示物以道。弘訓作範。幸兼內外。其有違於此者。皆悉罷道。所在領其戶籍。嚴爲之制。速申下之。并列上也。唯廬山道德所居。不在搜簡之例。

與桓太尉論料簡沙門書　釋慧遠

佛教陵遲。穢雜日久。每一尋思。憤慨盈懷。常恐運出非意。混然淪滑。此所以夙宵歎懼。忘寢與食者也。見檀越澄清諸道人教。實應其本心。夫涇以渭分。則清濁殊流。枉以直正。則不仁自遠。推此而言。符命既行。必二理斯得。然令飾僞取容者。自絕於假通之路。信道懷眞者。無復負俗之嫌。如此則道世交興。三寶復隆於茲矣。貧道所以寄命江南。欲託有道以存至業。業之隆替。實由乎人。値檀越當年。則是貧道中興之運。幽情所託。已冥之在昔。是以前後書疏。輒以憑寄爲先。每尋告慰。眷懷不忘。但恐年與時乖。不盡檀越盛隆之化耳。今故諮白數條。如別疏。

經教所開。凡有三科。一者禪思入微。二者諷味遺典。三者興建福業。三科誠異。皆以律行爲本。檀越近制。

似大同於此是所不疑或有興福之人內不毀禁而迹非阿練若者或多誦經諷詠不絕而不能暢說義理者或年已宿長雖無三科可記而體性貞正不犯大非者凡如此輩皆是所疑今尋檀越所遺之例不應問此而外物惶惑莫敢自寧故以別白夫形跡易察而眞僞難辨自非遠鑒得之信難若是都邑沙門經檀越視聽者固無所疑若邊局遠司識不及遠則未達教旨或因符命濫及善人此最其深憂若所在執法之官意所未詳又時無宿望沙門可以求中得令送至大府以經高鑒者則於理爲弘想檀越神慮

已得之於心。直是貧道常近之情。故不能不及耳。若有族姓子弟。本非役門。或世奉大法。或弱而天悟。欲棄俗入道。求作沙門。推例尋意。似不塞其清塗。然要須諮定。使洗心向味者無復自疑之情。昔外國諸王。多參懷聖典。亦有因時助弘大化。扶危救弊。信有自來矣。檀越每期情古人。故復略叙所聞。

與桓太尉論州符求沙門名籍書　晉釋支遁

隆安三年四月五日。京邑沙門等頓首白。夫標極有宗。則仰之者至。理契神冥。則沐浴彌深。故尼父素室。顏氏流連。豈不以道隆德盛。直往忘返者哉。貧道等雖人凡行薄。奉修三寶。愛自天至。信不待習。但日損功德。撫心增愧。賴聖主哲王。復躬弘其道。得使山居者騁業。城傍者閑道。緣皇澤曠灑。朽幹蒙榮。然沙門之於世也。猶虛舟之寄大壑耳。其來不以事。退亦乘閑。四海之內。竟自無宅。邦亂則振錫孤遊。道洽則欣然俱萃。所以自遠而至。良有以也。將振宏綱於季世。展誠心於百代。而頃頻被州符。求沙門名籍。煎切甚急。未悟高旨。野人易懼。抱憂實深。遂使禪人失靜。勤士廢行。喪精絕氣。達旦不寐。索然不知何以自安。伏願明公扇唐風於上位。待白足於其下。使懷道獲濟。

有志俱全則身忘體盡畢命此矣。天聽殊邈。或未具簡。謹以上聞。伏追悚息。

啟齊武帝論檢試僧事　齊釋道盛

昔者仲尼養徒三千。學天文者則戴圓冠。學地理者則履方屨。楚莊周詣哀公曰。蓋聞此國有知天文地理者不少。請試之。哀公即宣令國內。知天文者著圓冠。知地理者著方屨。來詣門。唯有孔丘一人到門。無不對。故知餘者皆爲竊服矣。釋迦興世。說四諦六度。制戒威儀。舍利佛等皆得羅漢。故知大法非爲無宗。但自爾已來。人根轉鈍。去道懸遠。習惑纏心。若能隔意則合律科。不爾皆是竊服者。伏願陛下聖明。深恕此理。弗就凡夫求聖人之道。昔鄭子產稱曰大賢。尙不能收失。爲申徒嘉所譏。況今末法比丘。寧能收失。若不收失。每起惡心。寺之三官。何以堪命。國有典刑。願敕在所依罪治戮。幸可不亂聖聽。盛雖老病。遠慕榜末。敢以陳聞。伏紙流汗。謹啟。

弘明集第十二卷

音釋

湄武悲切音眉水岸也亦與漘通　譙在笑切音樵去聲凡言相責讓曰譙讓　腯他骨切音突肥也牛羊曰肥豕曰腯又音鈍義同　搉苦角切音確引也敲擊也　頫他弔切音糶大夫衆

來日頻寡來日聘又方矩切音甫低頭也 **韗** 王問切音運韗人爲皋陶註皋陶鼓木也 **韙** 于鬼切音偉是也 **犖** 呂角切音礐卓犖超絕也 **㖃** 承呪切音授口㖃也 **怗** 他協切音帖服也靜也又音沾怗滯也 **慺** 盧侯切音樓慺慺恭謹貌又勤懇也 **恨** 力仗切音亮悲也恨恨惆悵也又眷眷也 **弛** 詩止切音豕放也 **殫** 都寒切音單盡也 **湑** 私呂切音諝莤酒也又露貌 **屨** 居御切音句拘也所以拘足也

弘明集卷第十三

梁楊都建初寺釋僧祐集

奉法要

晉郗超

三自歸者。歸佛。歸十二部經。歸比丘僧。過去現在當來三世十方佛。三世十方經法。三世十方僧。每禮拜懺悔。皆當至心歸命。并慈念一切衆生。願令悉得度脫。外國音稱南無。漢曰歸命。佛者漢音曰覺。僧者漢音曰衆。五戒。一者不殺。不得教人殺。常當堅持盡形壽。二者不盜。不得教人盜。常當堅持盡形壽。三者不婬。不得教人婬。常當堅持盡形壽。四者不欺。不得教人欺。常當堅持盡形壽。五者不飲酒。不得以酒爲惠施。常當堅持盡形壽。若以酒爲藥。當權其輕重。要於不可致醉。醉有三十六失。經教以爲深誡。不殺則長壽。不盜則常泰。不婬則清淨。不欺則人常敬信。不醉則神理明治。已行五戒。便修歲三月六齋。歲三齋者。正月一日至十五日。五月一日至十五日。九月一日至十五日。月六齋者。月八日。十四日。十五日。二十三日。二十九日。三十日。凡齋日。皆當魚肉。不御。迎中而食。既中之後。甘香美味。一不得嘗。洗心念道。歸命三尊。悔過自責。行四等心。遠離房室。不著六欲。不得鞭撻罵詈乘駕牛馬帶持兵仗婦人則兼去香花脂粉之飾端心正意務存柔順齋者普為先亡見在知識親屬幷及一切眾生皆當因此至誠各相感發心既感發則終免罪苦是以忠孝之士務加勉勵良以兼拯之功非徒在己故也齋日唯得專惟玄觀講誦法言若不能行空當習六思念六思念者念佛念經念僧念施念戒念天何謂念天十善四等為應天行又要當稱力所及勉濟眾生十善者身不犯殺盜婬意不嫉恚癡口不妄言綺語兩舌惡口何謂不殺常當矜愍一切蠕動之類雖在困急終不害彼利己凡眾

生危難。皆當盡心營救。隨其水陸。各令得所。疑有爲已殺者。皆不當受。何謂爲盜。凡取非己有不問小大。及莅官不清。皆謂之盜。何謂爲婬。一切諸著普謂之婬。施之色欲。非正匹偶。皆不得犯。又私竊不公。亦兼盜罪。所謂嫉者。謂妬忌也。見人之善。見人有德。皆當代之懽喜。不得有爭競憎嫉之心。所謂恚者。心懷忿恨。藏結於內。所謂癡者。不信大法。疑昧經道。何謂妄言。以無爲有。虛造無端。何謂綺語。文飾巧言。華而不實。何謂兩舌。背向異辭。對此說彼。何謂惡口。謂罵詈也。或云口說不善之事。令人承以爲罪。亦爲惡口。凡此十事皆不得暫起心念是爲十善亦謂十戒五戒檢形十善防心事有疏密故報有輕重凡在有方之境總謂三界三界之內凡有五道一曰天二曰人三曰畜生四曰餓鬼五曰地獄全五戒則人相備具十善則生天堂全一戒者則亦得爲人人有高卑或壽夭不同皆由戒有多少反十善者謂之十惡十惡畢犯則入地獄抵揬强梁不受忠諫及毒心內盛徇私欺紿則或墮畜生或生蛇虺慳貪專利常苦不足則墮餓鬼其罪差輕少而多陰私情不公亮皆墮鬼神雖受微福不免苦痛此謂三塗亦謂三惡道色痛痒

思想生死識謂之五陰。凡一切外物有形可見者爲色。失之則憂惱爲痛得之則懽喜爲痒。未至逆念爲思。過去追憶爲想。心念始起爲生。想過意識滅爲死。曾關於心戢而不忘爲識。識者。經歷累劫猶萌之於懷。雖昧其所由。而滯於根。潛結始自毫釐。終成淵岳。是以學者務慎所習。五蓋。一曰貪婬。二曰瞋恚。三曰愚癡。四曰邪見。五曰調戲。別而言之。求欲爲貪。耽著爲婬。外發爲瞋。内結爲恚。繫於縛著觸理倒惑爲愚癡。生死因緣癡爲本。一切諸著皆始於癡。地獄苦酷。多由於恚。經云。卒鬬殺人。其罪尚輕懷毒陰謀。則累劫彌結。無解脫之期。六情一名六衰。亦曰六欲。謂目受色。耳受聲。鼻受香。舌受味。身受細滑。心受識。識者。即上所謂識陰者也。五陰六欲。蓋生死之原本。罪苦之所由。消御之方。皆具載衆經。經云。心作天。心作人。心作地獄。心作畜生。乃至得道者亦心也。凡慮發乎心。皆念念受報。雖事未及形。而幽對冥構。夫情念圓速。倏忽無間。機動毫端。遂充宇宙。罪福形道。靡不由之。吉凶悔吝。定於俄頃。是以行道之人。每慎獨於心。防微慮始。以至理爲城池。常領本以御末。不以事形未著。而輕起心念。豈唯言出乎室。千里應之。莫見乎隱。所愼在形哉。異出十二門經云。人有善。恆當掩之。有惡。宜令彰露。夫君子之心。無適無莫。過而無悔。當不自得。宜其任行藏於所遇。豈有心於隱顯。然則教。之所施。其在常近乎。原夫天理之於罪福。外泄則愈輕。內結則彌重。既跡著於人事。必有損於冥應。且伐善施勞。有生之大情。匿非文過。品物之所同。善著則跡彰。跡彰則譽集。苟情係沮勸。而譽集於外。藏吝之心。必盈乎內。且人之君子。猶天之小人。況乎仁德未至。而名浮於實。獲戾幽冥。固必然矣。夫苟非備德。必有不周。坦而公之。則與事而散。若乃負理之心。銘之懷抱。而外修情貌。以免人尤。收集俗譽。大誣天理。自然之釁。得不愈重乎。是以莊生亦云。爲不善於幽昧之中。鬼神得而誅之。且人之情也。不愧於理。而愧乎物。愆著則毀至。毀至而恥生。情存近復。則弊不至積。恃其不彰。則終莫悛革。加以天釁內充。而懼其外顯。則幽慮萬端。巧防彌密。窮年所存。唯此之務。天殃物累。終必頓集。蓋由不防萌謀始。而匿非揚善故也。正齋經云。但得說人百善。不得說人一惡。說人之善。善心便生。說人之惡。便起忿意。意始雖微。漸相資積。是以一善生巨億萬善。一惡生巨億萬惡。古人云。兵家之興。不過三世。陳平亦云我多陰謀。子孫不昌。引以爲教。誠足以有弘。然齊楚享遺嗣於累葉。顏冉靡顯報於後昆。既已著之於事驗。不俟推理而後明也。且鯀殛禹興。鮒鮒異形。四罪不及。百代通典。哲王御世。猶無淫濫。況乎自然玄應。不以情者。而令罪福錯受。善惡無章。其誣理也固亦深矣。且秦制收帑之刑。猶以犯者爲主。主嬰其罰。然後責及其餘。若疊不當身。而殃延親屬。以兹制法。豈唯聖典之所不容。固亦申韓之所必去矣。是以泥洹經云。父作不善。子不代受。子作不善。父亦不受。善自獲福。惡自受殃。至矣哉。斯言允心應理。然原夫世教之興。豈不以情受所存不止乎己。所及彌廣。則誡懼愈深。是以韜理實於韞櫝。每申近以斂麤。進無虧於懲勸。而有適於物宜。有懷之流。宜略其事而喻深領幽旨。若乃守文而不通其變。徇教而不達教情。以之處心循理。不亦外乎。夫罪福之於逆順。固必應而無差者也。苟昧斯道。則邪正無位。寄心無準矣。至於考之當年。信漫而少徵。理無愆違。而事不恆著。豈得不歸諸宿緣。推之來世耶。是以有心於理者。審影響之難誣。廢事證而冥寄。達天網之宏疏。故期之於靡漏。悟運往之無間。混萬劫於一朝括三世而亙同要終歸於必至豈以顯昧改心淹遠革慮哉此最始信之根主而業心所深期也十二門經云有時自計我端正好便當自念身中無所有但有肝腸脾肺骨血屎溺有何等好復觀他人身中惡露皆如是若慳貪意起當念財物珍寶生不持來死不俱去而流遷變化朝夕難保身不久存物無常主宜及當年施恩行惠贍乏以財救疾以藥終日欣欣務存營濟若瞋恚意起當深生平等兼護十戒差摩竭云菩薩所行忍辱爲大若罵詈者嘿而不報若撾捶者受而不校若瞋怒者慈心向之若謗毀者

不念其惡法句又云受辱心如地行忍如門閫地及
門閫蓋取其藏垢納洿終日受踐也成具經曰彼以
四過加己則覺知口之失也報以善言和語至誠不
飾四過者上之所謂兩舌惡口妄言綺語也夫彼以
惡來我以善應苟心非木石理無不感但患處之不
恆弘之不積耳苟能每事思忍則悔吝消於現世福
報顯於將來賢者德經云心所不安未常加物即近
而言則忠恕之道推而極之四等之義四等者何慈
悲喜護也何謂爲慈愍傷衆生等一物我推己恕彼
願令普安愛及昆蟲情無同異何謂爲悲博愛兼拯

雨淚惻心。要令實功潛著。不直有心而已。何謂爲喜。歡悅柔輭。施而無悔。何謂爲愛護隨其方便觸類善救。津梁會通務存弘濟。能行四等。三界極尊。但未能冥心無兆。則有數必終。是以本起經云。諸天雖樂。福盡亦喪。貴極而無道。與地獄對門成具又云福者。有苦有盡有。煩勞有。往還。泥洹經曰。五道無安。唯無爲快。經稱行道者先當捨世入事。利衰毀譽稱譏苦樂。聞善不喜聞惡不懼。信心天固。沮勸無以動其志。埋根於中外物不能干其慮。且當年所遇。必由宿緣。宿緣玄運。信同四時。其來不可禦。其去不能止。固當順而安之悅而畢之精勤增道習期諸忘心形報既廢乃獲大安耳夫理本於心而報彰於事猶形正則影直聲和而響順此自然玄應孰有爲之者哉然則契心神道固宜期之通理務存遠大虛中正己而無希外助不可接以卑瀆要以情求此乃曆懷之關鍵學者所宜思也或謂心念必報理同影響但當求己而己固無事於幽冥原經教之設蓋所以悟夫求己然求己之方非教莫悟悟因乎教則功由神道欣感發中必形於事亦由詠歌不足係以手舞然則奉而尊之蓋理所不必須而情所不能廢宜縱己深體教旨

忘懷欣想。將以已引物。自同乎衆。所以固新涉之志。而令寄懷有擬。經云。生苦。老苦。病苦。死苦。怨憎會苦。恩愛別離苦。所求不得苦。遇此諸苦。則宜深惟緣對。兼覺魔僞。開以達觀。弘以等心。且區區一生。有同過隙。所遇雖殊。終歸枯朽。得失少多。固不足計。該以數塗。則此心自息。又苟未入道。則休慼迭用。聚散去來。賢愚同致。是以經云。安則有危。得則有喪。合會有離。生則有死。蓋自然之常勢。必至之定期。推而安之。則無往不夷。維摩詰云。一切諸法。從意生形。然則兆動於始。事應乎末。念起而有。慮息則無。意之所安。則觸遇而夷。情之所閡。則無往不滯。因此而言。通滯之所由在我。而不在物也。若乃懼生於心。則釁乘於外。外釁既乘。內懼愈結。苟患失之。無所不至矣。是以經稱丈夫畏時。非人得其便。誠能住心以理。天關內固。則人鬼罔間。緣對自息。萬有無以嬰。衆邪不能襲。四非常。一曰無常。二曰苦。三曰空。四曰非身。少長殊形。陵谷易處。謂之無常。盛衰相襲。欣極必悲。謂之爲苦。一切萬有。終歸於無。謂之爲空。神無常宅。遷化靡停。謂之非身。經稱處惑樂之地。覺必苦之對。盡推代謝於往復。審樂往則哀來。故居安慮危。夕惕榮觀。若夫深於苦者謂之見諦達有心則有滯有滯則苦存雖貴極人天地兼崇高所乘愈重矜著彌深情之所樂於理愈苦故經云三界皆苦無可樂者又云五道衆生共在一大獄中苟心係乎有則罪福同貫故總謂三界爲一大獄佛問諸弟子何謂無常一人曰一日不可保是爲無常佛言非佛弟子一人曰食頃不可保是爲無常佛言非佛弟子一人曰出息不報便就後世是爲無常佛言眞佛弟子夫無常顯證日陳於前而萬代同歸終莫之悟無瞬息之安保永世之計懼不在交則每事殆懈以之進德則功無覆簣以之治

心。則墮其所習。是以有道之士指寸陰而惜逝。恆自強於鞭後。業與時競。惟日不足。則亂念無因而生。緣對靡由而起。六度。一曰施。二曰戒。三曰忍辱。四曰精進。五曰一心。六曰智慧。積而能散。潤濟衆生。施也。謹守十善。閑邪以誠。戒也。犯而不校。常善下人。忍辱也。勤行所習。夙夜匪懈。精進也。專心守意。以約斂衆。一心也。凡此五事。行以有心。謂之俗度。領以兼忘。謂之道慧。本起經云。九十六種道術。各信所事。皆樂生安。孰知其惑。夫欣得惡失。樂存哀亡。蓋弱喪之常滯。有生所感同然。冥力潛謝。非矜戀所留。對至而應。豈智用所制。是以學者必歸心化本。領觀玄宗。玩之珍之。則衆念自廢。廢則有忘。有忘則緣絶。緣報既絶。然後入於無生。既不受生。故能不死。是以普耀經云。無所從生。靡所不生。於諸所生。而無所生。泥洹經云。心識靜休。則不死不生。心爲種本。行爲其地。報爲結實。猶如種殖。各以其類。時至而生。弗可過也。種十善戒善。則受生之報。具於上章。加種禪等四空。則貴極天道。四空及禪。數經具載其義。從第一天至二十八天。隨其事行。福轉倍增。種非常禪諦。背有著無。則得羅漢泥洹。不忌有爲。不係空觀。遇理而冥。無執無寄。爲無所種。既無所種。故不受報。廓然玄廢。則佛之泥洹。泥洹者。漢曰無爲。亦曰滅度。維摩詰曰。彼六師者。說倚爲道。從是師者。爲住諸見。爲墮邊際。爲歸八難。不得離生死道也。雖玄心屢習。而介然微動。猶均彼六師。同滯一有。況貪生倚想。執我捍化。雖復福踰山河。貴極三界。倚伏旋還。終墜罪苦。豈獲寧神大造。泊然玄夷哉。夫生必有情。天勢率至。不宅於善。必在於惡。是以始行道者。要必有寄。寄之所因。必因乎有。有之所貴。必貴乎頓。是以經云。欲於空中造立宮室。終不能成。取佛國者。非於空也。然則五度四等。未始可廢。但當卽其事用。而去其忮心。歸於佛則無解於佛。歸於戒則無功於戒。則禪諦與五陰俱冥。末用與本觀同盡。雖復衆行兼陳。固是空中行空耳。或以爲空則無行。行則非空。既已有行。無乃失空乎。夫空者。忘懷之稱。非府宅之謂也。無誠無矣。存無則滯封。有誠有矣。兩忘則玄解。然則有無由乎方寸。而無係於外物。器象雖陳於事用。感絶則理冥。豈滅有而後無。階損以至盡哉。由此言之。有固非滯。滯有則背宗。反流歸根。任本則自暢。是以開士深行。統以一貫。達萬像之常冥。乘所寓而玄領。知來理之先空。恒得之於同致。悟

四色之無朕順本際而偕廢審衆觀之自然故雖行而靡跡方等深經每泯一三世而未嘗謂見在爲有則空中行空旨斯見矣

庭誥二章

顏延之

達見同善通辯異科一曰言道二曰論心三曰校理言道者本之於天論心者議之於人校理者取之於物從而別之由塗參陳要而會之終致可一若夫玄神之經窮明之說義兼三端至無二極但語出梵方故見猜世學事起殊倫故獲非恒情天之賦道非差胡華人之稟靈豈限外內一以此思可無臆裁爲道

者。蓋流出於仙法。故以練形爲上。崇佛者。本在於神教。故以治心爲先。練形之家。必就深曠。反飛靈。糇丹石。粒芝精。所以還年郤老。延華駐彩。欲使體合纁霞。軌偏天海。此其所長。及僞者爲之。則忌災祟課粗願混士女。亂妖正。此其巨蠹也。治心之術。必辭親偶。閉身性。師淨覺。信緣命。所以反壹無生。剋成聖業。智邈大明。志狹恆劫。此其所貴。及詭者爲之。則藉髮落狎菁華。傍榮聲。謀利論。此其甚誣也。物有不然。事無不弊。衡石日陳。猶患差忒。況神道不形。固衆端之所假。未能體神。而不疑神無者。以爲靈性密微。可以積理知。洪變欻悦可以大順待。照若鏡天。肅若窺淵。能以理順爲人者可與言有神矣。若乃罔其眞而昔其弊。是未加心照耳。

日燭　　王該

尋夫至道之典。暢生死之源。標善惡之報。啟陵化之津。訓戒明白。縷羅備矣。然信言不美。文繁辭宕。累冥絶昧。重淵隔泿。是以學者未得其門。或未之留意。聊抒咸池之遠音。適爲里巷之近曲。假小通大。儻可接俗。助天揚光。號曰日燭。陶先覺之宏誥。啟玄管於靈門。周太虛以遊眺。究漭蕩而無垠。履地勢於方局。冠圓天於覆盆。緬三界之寥廓。遘二氣之氤氲。尋大造之冥本。測化育之幽根。形假四大而泡散。神妙萬物而常存。彼艮民之達分。故哀生而恰魂。夫含氣之倫。其神無方。蠢爾之類。其質無常。寄若水勢。託若火光。隨行纏綣。迭枯迭芳。往來出沒。冥冥茫茫。淇海環流。大變輪迴。乘波遠漂。濟來曷階。宛轉三塗之中。沈滯八難之圍。愍企竅之無期。悼客作之有歸。瞻崇德之可速。鑒聚凶之宜遲。斯成務之易覩。匪先見之動微。五福起於履是。六極構於蹈非。理感自然。冥對玄凝。福兮誰造。禍兮孰興。水運鍾卑。人道惡矜。疊因豐積。

祉緣謙升。童孺正而鬼退。丈夫邪而魅陵。覽形聲之兩偶。考休咎之雙徵。理投思而合契。迹望目而相應。若圓輪之抱規。猶直桷之附繩。蒼犬出於帝父。黃能資於聖子。聿徵化而弗救。奚天屬之云恃。諒求福之在躬。信爲仁之在己。咨吹吸其靡常。知忽往其何止。彼非人之什岌。豈無氣之所始。悲婉變之夭徂。還託生於家豕。昔鞠育而懷抱。今屠刳以爲禮。神居妙而恆我。形受變而易體。末一旬而相忘。可長歎而流涕。夫闇愚其皆然。匪伊人之獨爾。察寡孕於嘉類。悟繁產於蟲豸。喻零霖其猶希。若翻囊之倒米。爲囂囂以日日。誰識伏而達倚。匪余情之能測。謬聞之以如是。
若夫倒置之族。矇矇徒生。兵風既至。忽然潛征。神道
雖昧。鬼法尤明。徘徊中陰。徂彼鐵城。宵絕望舒。晝無
曜靈。身造笮䔍之檻。足蹈炎炭之庭。刀岳霜鋋以積
刃。劍林翹鋒而肅精。陶銅汪洋以海涌。巨鑊波沸而
雷鳴。閻王領閱。卒傍執釵。三扐一奮。百千累羅。鴆鴆
利嘴。煌煌火車。銳釘欃槍。狻狗擬牙。蛭徒燋於幻柱。
饑囚枯於塵沙。貧輕妙之靈質。益痛戮之易加。永煩
寃以彌劫。安斯酷之可過。三六峻網。弗可裂纓。千條
殊劇。萬端異苦。靡喘息而不經。俄聿來而忘宇。予略

一朝以言之將終年而震楚爰有五德無玷十淑道全夕惕苦逝慶升九天寶殿晃昱高構虛懸瓊房兼百瑤戶摩千金門煥水精之朗玉巷耀琉璃之鮮珠樹列於路側鸞鳳鳴於條間芳華神秀而粲藻香風靈飄而飛煙想衣斐疊以被軀念食芬芳以盈前彼曦和之長邁永一日而萬年無事爲以干性常從容於自然映光蘂之爍爍眇輕騰之翩翩究妙音之至樂窮有生之遐延捨陋世而上躋伴超倫之高遷然夫饗茲舊德日用玉食厥土不毛罔施稼穡積畜雖多焉有不竭齡祚雖脩終焉歸滅三災起而宮宇散

七證至而天祿絕。會大秋以考落。混椿菌之無別。是以如來大聖。三達洞照。哀我困蒙。曉了道要。善權灑落。或麤或妙。如溟海之運流。若天日之垂曜。上士虛懷忘其言。中才負志執其教。教無定方。適物所由。宜陸以車。應水以舟。敷設云云。廣衍悠悠。駟未塞乎三百。要指在乎一幽。握累玄之綱領。遣毛目於網裘。宏籠大訓。展我智分。治無不均。質有利鈍。虛往實歸。各足方寸。愚黠並誘。龍鬼俱化。萬塗叢歸。一由般若。譬彼濟海。非船莫過。驅萬動於道場。畢無爲而息駕。本夫三乘之始。同歸一無。才照各異。致用參殊。應眞忘有而求空。遂耽空而恬愉。緣覺亮累於知微。爰遷玄而弗居。雖妙迹其再喪。猶有遺而未虛。開士解拘於都盡。作無存其焉除。悟之豁於鑒先。體之冥乎意初。理重深而絕韻。疇剋諒而業諸。自古在昔。先民有遇。堂堂蔭映。躬受聖諭。喁喁羣黎。耳目仰注。或發蒙於一咳。或革面於一哺。並因言而後化。未有人而不度。善逝迄今。道運轉衰。大教雖存。味之者希。栴檀與蓼蘇同芬。夜光與熠燿齊暉。于氏超世。綜體玄指。嘉遯山澤。仁感虎兕。護公澄寂。道德淵美。微吟穹谷。枯泉漱水。闕叟登霄。衞度係軌。咸淡泊於無生。俱脫骸而不死。今則支子特秀。領握玄標。大業沖粹。神風清蕭。一言發則蘊滯披。三番著則重冥昭。見之足以洗鄙吝。聞之可以落矜驕。遜濯流以逸契。詠遂初於東皐。何深味以栖素。輕大寶於秋毫。道風之所扇蕩。深達之所逍遙。才不難則賢不貴。愚不笑則聖不高。遠聲見陋於近耳。孰能忘味於聞韶哉。奚適非道。何之無神。理有精麤。物有產眞。大居細君。小為碩臣。羽隸乎金翅。甲屬乎須倫。兩儀宗於太極。眾星繫於北辰。是以九十六種。枝條繁張。輕道重根。躁廢靜王。具曰予聖。各鎮一方。或移山而住流。或倏忽於存亡。命天衣之彩粲。嘯靈廚之芬芳。曜振旅之凶暴。化礫石之琳琅。竭變幻之崛奇。惜有待之無長。斯乃數內之甘醇。弗如至道之糟糠者也。逮乎列仙之流。練形之匹。熊經鳥伸。呼吸太一。夕餐榆陰。與素月。朝挹陽霞與朱日。赤斧長生於服丹。涓子翻飛於餌朮。安期久視於松豪。豐人輕舉於柏實。彼和液之所染。足支年而住質。中不夷而外猗。徒登雲而殞卒。俱括囊以堅卵。固同門而共出。理未升於顏堂。永封望乎孔室。貴乎能飛。則蛾蝶高翬。奇乎難老。則龜蛇脩考。伊逆旅之遊氛。唯心玄之可寶。存形者不足與論神。狎俗者

未可與言道道乎奚言無問無對諮者叩窮應者負
內默之斯通語爲則匱當於素珠與講道吾成罔象
與無謂杌然寂泊玄酬有箴宗鑽浮響莫悟冥音希
之彌錯搜之愈沈郢人其逝爲誰匠椹設筌罤乎淵
薈俟魚兔乎川林儻得意於談表其目擊而廢心無
運眹倏往矣斯復忍立賢達忽如涉宿干師誕化肇
過一六慈氏方隆仰期仁育孰云數遼瞥若瞬目靈
轡雖迅緣樞靡窮彼無本標我有始終假步烱電之
末託息石飆之中知畏塗而驚寇迷塵欲之致戎替
遠勝而婪近謂奢儉而交豐不防枯於未飄既零落

於勁風思反蔕而更秀結萬悔其胡荒是以大誓之徒燒指穿石冥期無待志與心歡峻智塹崇慧壁拔律劍揮戒戟想將萌而夷斬情向兆而翦刺掃六賊於胷中休五道而長役拱已內治總持法忍三世都寂一心豁盡寄耳無明寓目莫准塵隨空落穢與虛隕廓焉靈悟因權作尹曾濟安度大悲誰愍託蘧廬以和光常遊居乎冥泯任天行與物化如蹈水之無軫若乃妙變神奇理不思議大千舞於指掌芥子含於須彌四海宅於毛孔七寶永於劫移可信而不可尋可由而不可知非談詠之所宣惡毫素之能披善

乎優陀之言也。使夫智者滿於天下。人有百頭。頭有百舌。舌解百義。辯才鋒逸。合茲人以讚道。猶萬分而未一。唯覺覺之相歎。乃敷暢而彰悉。矧愚昧之固陋。託狂簡而仰述。抗螢燭之炯炯。欲增暉以眦日者歟。嗟乎。方外靈藏。奢遐誕宕。眾妙淵玄。羣奧無量。小成弗籍。大言橫喪。川德之厚。于何不有。驚聽洪聳。駭耳崇阜。夏典載其掌握。荒經列其戶牖。周既達而未盡。信齊諧之小醜。見鵬鯤而標大。不覩鳥王與魚母。吁乎噫嘻。奇桀之事。積籍眇漫。焉可稱記。伊皇覽之普綜。足探幽而體異。何近願於割玉。叉碩誣乎火㿈。況下斯而束教。趣堯孔之權餌。常專專而守檢。懼越蹈於所伺。並廢理以證言。莫觸類以取意。徒宏博而繁構。更益猜而致忌。悟飾智之愕物。故收翰而輟思。寄一隅於梗指。俟體信於明識者乎。

弘明集第十三卷

音釋

魣象呂切音敘魚名　鮒符遇切音附魚名子夏傳謂蝦蟆　韇徒谷切音獨箭箙也　撾張瓜切音檛擊也又音戈　惕他歷切音剔敬也　繾綣音遣捲不相離也　豸丈介切音坻無足蟲也　扐歷德切音勒又音力　欃初銜切星名彗星爲欃槍　喁音愚聲也公等喁喁者也何知長者之道乎　翬居歸切音輝大飛也

弘明集卷第十四

梁楊都建初寺釋僧祐集

檄太山文

釋竺道爽

沙門竺道爽。敢告太山東嶽神府。及都錄使者。蓋玄元創判。二儀始分。上置琁璣。則助之以三光。下設后土。則鎮之以五嶽。陰陽布化於八方。萬物誕生於其中。是以太山據青龍之域。衡霍處諸陽之儀。華陽顯零班之境。恆岱列幽武之賓。嵩峙皇川之中鎮。四瀆之所墳。此皆稟氣運實。無邪之穢。神道自然。崇正不僞。因天之覆。順地之載。敦朴方直。澹然玄淨。進道四運之端。退履五敎之精。內韜通微之資。外朗道德之明。上達虛無下育蒼生。含德潛通。無遐不徹。遊步九崖。翱翔玄闕。故能形無正始。呼吸陰陽。握攬乾坤。推步八荒。夫東嶽者。龍春之初。清陽之氣。育動萌芽。王父之位。南箕北斗。中皇九天。東王西母。無極先君。乘氣鳳翔。去此幽玄。澄於太素。不在人間。蕩消衆穢。其道自然。而何妖祥之鬼。魍魎之精。假東岳之道。託山居之靈。因游魂之狂詐。惑俗人之愚情。雕匠神典。僞立神形。本無所記。末無所經。外有害生之毒氣。內則百鬼之流行。晝則穀飯成其勢。夜則衆邪處其庭。此皆狼蛇之羣鬼。梟蟒之虛聲。自三皇創基。傳載于今。歷代所崇。未覩斯響也。故零征記曰。夫神正者。則潛曜幽昧。上騰高象。下戲玄闕。逍遥雲影。龍翔八極。風興雨施。化若雷電。行廚不設。百味自然。含慈乘素澤潤蒼生。恩過二養。惠若朝陽。應天而食。不害衆命。此乃靈翔之妙節。清虛之神道。若神不正者。則干於萬物。因時託響。傳惑於俗。沮成散朴。激動人心。傾財極殺。斷截衆命。枉害中年。殂其骨肉。精神離迸。痛傷元氣。東岳之神。豈此之謂也。故枕中戒曰。含氣蠢蠕。百蟲勿嬰。無食鳥卵。中有神靈。天無受命。地庭有形。麤

稟二儀。焉可害生。此皆逆理。違道本經。羣民含慈。順
天不殺。況害豬羊。而飲其血。以此推之。非其神也。又
五岳眞神。則精之候。上法琁璣。下承乾坤。稟道淸虛。
無音無響。敬之不以歡。慢之不以慼。千譽萬毀。神無
增損。而汝矯稱。假託生人。因虛動氣。殺害在口。順之
則賜恩。違之則有禍咎。進退諂僞。永無賢軌。毀辱眞
神。非其道也。故黃羅子經玄中記曰。夫自稱山嶽神
者。必是蟒蛇。自稱江海神者。必是黿鼉魚鼈。自稱天
地父母神者。必是貓貍野獸。自稱將軍神者。必是熊
羆虎豹。自稱仕人神者。必是猨猴猳玃。自稱宅舍神

者必是犬羊豬犢門戶井竈破器之屬。鬼魅假形。皆稱爲神。驚恐萬姓。淫鬼之氣。此皆經之所載。傳之明驗也。自汝妖祥。漸踰六載。招來四遠。靡不響應。送疾而往者。如小水歸海。獲死而還者。哀呼盈路。亘者先亡。便云算盡。輕者易降。自稱其福。若使重患難濟。則汝無恩。中容之疾。非汝所救。二者無效。焉可奉事。乃令羣民。投身歸命。旣無良醫善藥。非散髮之能降。經旬歷月。曾無影報。以此推之。有何證驗。又國太元桓王及封錫。六國之懿節。三台之輔。光贊皇家。黎元慈悅。天福謬加。體嬰微疾。謂汝之祇。能感靈德。故宣德信命。詣汝神殿。獻薦三牲。加贈珍異。若汝聖道通乾神致妙者。何不上啟九皇。下諮后土。參集百靈。顯彰妙術。使國邑輔。消疾獲安。旣無響應。乃奄薨逝。驗此虛妄。焉足奉哉。又昔太山石立社移。神靈降象。遐聲萬代。此則乾坤之所感。顯爲時瑞。汝託稱其聖。旣不能興雲致雨以表神德。鄙妖邪以損眞道。正使汝能因盤動箸。舉杯盡酒。猶爲鬼幻。非爲眞正。況無其徵。有何神也。又太山者。則閻羅王之統。其土幽昧。與世異靈。都錄使者。降同神行。定本命於皇記。察都籍於天曹。羣惡無細不拾。纖善小而無遺。總集魂靈。非生人應府矣。而何弊鬼詐稱斯旨。橫恣人間。欺紿萬端。蓬林之樹。烏鵲之野。翕動遠近。列于祠典。聚會男女。樹俗之心。穢氣外釁。梟聲遠布。毒鍾王境。爲害滋甚。夫雲霧蔽天。羣邪翳正。自汝妖異。多所傷害。吾雖末流。備階三服。每覽經傳。而覩斯孽。推古驗今。邪不處正。吾將蕩穢。光揚聖道。告到嚴鉤。魅黨還遊冢墓。餐果飲泉。足生之路。既令羣民無傾財之困。鳥獸無羅網之卒。若復顧戀望餐。不去者。吾將宣集毗沙神王犍羅子等。授以金剛屯眞師。勇武秋霜。陵動三千。威猛難當。曜戈明劍。擬則摧山。降龍伏魔。靡不稽顙。汝是小鬼。敢觸三光。鶴毛入炭。魚行鑊湯。傾江滅火。朝露見陽。吾念仁慈。愍汝所行。占此危殆。慮卽傷心。速在吾前。復汝本形。長歸萬里。滄浪海邊。勿復稽留。明順奉行。

檄魔文　釋智靜

釋智靜頓首頓首明將軍輪下。相與玄塗殊津。人天一統。宗師雖異。三界大同。每規良會。申展曩積。而標榜未冥。所以致隔。今法王御世。十方思順。靈網方申。紘綱彌絙。大通有期。高會在近。不任翹想。並書喻意耳。夫時塞有通。否終則泰。千聖相尋。羣師迭襲。昔我皇祖本原天王。體化應符。龍飛初域。節權形以附萬邦。奮慧柯以覆六合。威蕩四邪。掃清三有。方當抗橫縱於八區。絙紘綱於宇宙。夷靜七荒。寧一九土。而冥宗不弔。眞容擬位。重明寢暉。靈舟覆浪。故令蟻邪番興。梟見暴起。噎染眞塗。塵惑清衆。虐鍾蒼生。毒流萬劫。懷道有情。異心同忿。我法王承運應期。理亂。上承高胄。下託羣心。秉天旗以籠三千。握聖圖以隆大業。雲起四宮。鸞翔天竺。降神迦維。爲時城塹。綏撫黎元。善安卿士。獎導羣情。慰喻有疾。嚴慧柯於胷中。被神甲於身外。愍十八之無辜。哀三空之路絕。志匡大荒。

竫安平難。百域千邦。高伏風化。承君不忌。重迷自覆。深攝愚懷。故守僞見。狠據欲天。鵄鳴神闕。叛渙壇埸。抗距靈節。謂大位可登。弘規可改。覽茲二三。遠爲歎息。昔大通統世。羣方影附。有僞癡天魔。不遵正節。干迕聖聽。陳攖神慮。領卒塞虛。權形萬變。精甲照曦。霜戈拂域。靈鼓競興。響衝方外。矯步陸梁。自謂強盛。王師一奮。羣邪殄喪。衆迷革心。望風影伏。況君單將。驍然一介。士無方尋。衆不成旅。而欲違背陵虐。華邑篡奪靈權。騰邈最勝。以爲忝眞。可不謬乎。今釋迦統世。道隆先劫。妙化蕩蕩。神羅遠御。智士雍雍。雲算蓋世。

武夫龍跳。控弦萬隊。協略應眞。奇謀超拔。故命使持節前鋒大將軍。鑒閻浮都督歸義侯薩陀波崙。獨稟天奇。蒙塵玄鏡。神高須彌。猛氣籠世。善武經文。忠著皇闕。領衆十萬億。揚鑣首路。使持節威遠大將軍四天都督忉利公導師。武勝標羣。文超宏謀。妙思絕塵。心栖夢表。憂時忘身。志必匡世。領衆百萬億。鸞飛天衢。使持節征魔大將軍。六天都督兜率王解脫月。妙思虛玄。高步塵表。略並童眞。功侔九地。悼愍三塗。忿若縱害。援劍慷慨。龍迴思奮。領衆四百萬億。雲迴天門。使持節通微大將軍。七天都督四禪王金剛藏。朗質映暉。金顏退燭。恩過九陽。力傾山海。右盻則濛氾飛波。左顧則扶桑落曜。德無不照。威無不伏。領眾七百萬億。虎盻須彌。使持節鎮域大將軍。九天都督八住王士大維摩詰。奇算不思。法柯遠震。體合神姿。權踰萬變。呼吸則九服雲從。叱吒則十方風靡。哀彼下民。無辜酸楚。領眾九百萬億。飲馬虛津。使持節鑒後大將軍。十三天都督小千諸軍事。九住王士大文殊。承冑遐元。形暉三曜。肖自紫宮。神高體大。應適千塗。玄算萬計。羣動感於一身。眾慮靜於一念。深抱慈悲。情兼四攝。領眾若塵。翱翔斯在。使持節匡教大將軍。

錄魔諸軍事羣邪校尉中千王觀世音智略淵深慧柯遠振明達四通朗鑒三固或託跡羣邪曜奇鋒起或權形二九息彼塗炭揮手則鐵圍摧巖噓氣則浮雲頹崿能爲萬方不請之友領衆不思杖戈虎嘯使持節布化大將軍三界都督補處王大慈氏妙質縱網天姿標傑體踰金剛心籠塵表猛氣衝雲慧柯遠奮無生轉於胷中權智應於事外志有所規無往不就威恩雙行真俗並設領衆八萬四千嚴警待命勇出之徒充溢大千金剛之士彌塞八極咸思助征席卷六合乘諸度之寶軒守八正之脩路跨六通之靈

馬控虛宗之神轡四禪之勁弓放權見之利箭鳴驥桓桓輕步矯矯奉命聖庭曾無有闕貴邦導師勝子五百幽鑒天命來投王化聖上開襟感氣歸順皆受名爵封賞列土功侔舊臣聲溢萬域而君何心橫生異計偃蹇邊荒規固常位毒害勃於蒼生災禍流於永劫可不哀哉可不謬哉君昔因時爲物所惑狂迷君心投危外竄百行一愆賢達常失久謂君覺智返愚歸罪象季束身抽簪同遊羣儁以道自懽榮名終始如何攝愚守謬偷安邪位託癡山以自高恃見林以遊息耽六欲之穢塵翫邪迷以怡性建憍慢之

高幢。引無明之匈陣。闊步荒塗。輕弄神器。盜篡天宮。抗衡日月。恐不果哉。舉手而映三光。把土以塡巨海。雖擬心虛標。事之難就。將軍殖福玄津。原承彌遠。華貌暐然。羣情屬目。望冑之基易登。由來之功可借。君可改往修來。翻然歸順。謝過朱門。以道齊好。家國並存。君臣同顯。身名獲安。曉迷達觀。眷屬晏然。可不美哉。今主師剋舉。十方翹嚮。手提法羅。齊舞羣聖。道柯曜於前驅。靈鼓震於後隊。神鐘一叩。十方傾覆。海浪飛流。陸原涌沸。于斯之時。須彌籠於一塵。天地迴於一粟。無動安於左衽。妙樂曜於右手。神力若斯。豈可當也。我法王體道仁慈。不忍便襲。權停諸軍。暫壹靈轡。臨路遺書。庶迴迷駕。君可早定良圖。面縛歸闕。委命皇庭。逍遙玄境。隆名內暉。遊形外寄。上方即任。非君而誰。夫慧當識機。明貴免禍。窮而知反。君子所美。斯乃轉禍之高秋。取功之良節。昔夏桀無道。殷王致伐。商紂首亂。周武建師。此卽古今蓍龜。將軍之明誡。相與雖乖於當年。風流宜同於道味。人天崎嶇。何足致隔。想便懽然。通書致命。所以竊痛其辭。委曲往反者。不欲令蘭芳夏彫。脩柯摧頹。深思致言。善自量竿。無使君身傾筐三趣。莫令六天鞠生稊稗。造潁眄目

助懷惕然臨路遣書諸情多憤言不藉意

破魔露布文　　　釋寶林

賢劫大千微塵年五濁鼎沸朔現壽百齡日使持節都督恆沙世界諸軍事征魔大將軍淨州刺史十地王臣金剛藏使持節都督八萬波羅密諸軍事破結將軍領魔蠻校尉大司馬梵州刺史八地公臣解脫月等稽首和南上聖朝尚書謹案夫六合同曜靈之鑒羣流歸百谷之王萬化均于空玄衆奇宗於一智斯蓋理有宗極之統物無殊趣之會是以如來越重昏而孤興蔚勤功於曠劫曜三塗之高明拔洪癡於

始造。窮聖德之區奧。究無生之虛致。覽物化之樞機。握宏德之紘紐。至若英姿挺特。神光赫奕。雖復千暉並照。固已絕矣。身殊萬狀而非衆。體合至妙而不一。應出五道而非生。示入形亡而非滅。希夷恍惚。無名無像。莫測其深。靡知其廣。應羣感而不勞。周萬動而常靜。歷恆沙以倏忽。撫八荒於俄頃。兩儀頹陷而不夷。力負潛移而不易。吸大火而不燋。懷洪流而不溺。乾坤不足以語其德。文玄不足以明其道。巨包六合。不可以稱其大。妙入無間。不可以名其小。爾乃亭毒蒼生。化兼始母。無欲無爲而無不爲。翱翔于應變之塗。逍遙于有無之表。挺達羣聖之端。恬惔涅槃之域。二乘韜思於重忘之致。十住息慮於動靜之機。梵王咨嗟以歸德。帝釋伏膺而厭位。其爲聖也。亦已極矣。於是應定光之遐記。驗大通之圖錄。出五道而龍興。超帝皇以命世。道王三界。德被十方。畿甸恒沙。都邑大千。偃九定之閑室。登七覺之雲觀。濯八解之清池。遊總持之廣苑。爾乃戴慈悲之殿。處空同之座。袞龍衆好。天冠頂相。左輔彌勒之流。右弼文殊之匹。前歌大方之雅頌。後舞四攝之鑾拂。衛以八住體虛之士。侍以四果卓落通仙。三臺唯聖。六府唯賢。爾乃宣敎姬孔宰守虞唐揚威湯武州牧三皇其爲化也坦八正之平衢開三乘之通津列無爲之妙宅濟大苦於勞塵杜三惡之姦路啟懽樂於天人爵以果伯之位祿以甘露之餐功巨者賞以淨土之封勳小者指以化城之安此乃超百王之洪業太平之至治也五趣宦身之淸朝四生土位之宗極而羣迷愚嶮背眞彌曠欣濡沫之近足忘江湖於遠全故魔王波旬植愚根於曠始積迷心於妄境汎三染之洪波入邪見之稠林至乃竊弄神器假僞冒眞夸王天宮分列獄土制命六天縱肆偏威內以三公諸毒卿相九結外以

軍將六師戎卒四兵。內行跋扈。不忌皇憲。自火螢光。爭暉天照。故乃頃者抗行神威。揚兵道樹。震雷公霹靂之聲。列擔山吐火之衆。又持世致惑於靜室。波崙悲號於都肆。斯皆癡狂縱暴。虧于聖節。作亂中夏爲日久矣。聖皇悼昏俗之聾瞽。悲弱喪以增懷。將總羣邪以齊見會。九流而同津。於是命將大勢之徒簡卒金剛之類。茹金嚼鐵之夫。銜水蹈火之士。勇卒塵沙。驍雄億萬。星流風發。龍騰魔境。置軍萬全之策。逼寇必死之野。而魔賊不祗。敢執蠻荆之蠢爾。抗宗繪之逋慠。建庵於自憍之地。結固於雲迷之嶮。傍唐重複。

俠疊鱗次。且其形勢。則凝山嵯峨固其前。愛水浩汗漲於後。邪林蔚薈蒙其左。凝澗淵玄帶其右。塵勞之卒。貔視於交境。六師之將。虎步於長逵。望若雲起。蔽天霧塞六合。其爲盛也。開闢罕有。臣等於是承聖朝之遐威。出超圖之奇略。藴以高算之籠。彌以玄策之圍。精騎千重。步卒萬帀。遊師翳野。屯塞要害。使前將軍檀那。望慳麾以直進。後軍毗耶。整懈卒於其後。禪那略遊騎於其左。尸羅防窬姦於其右。外軍漚和。泯騎隊於平原之上。走逗兵於詰屈之下。陳虎旅而高驤。設危機於幽伏。中軍般若。握玄樞之妙鑒。把戰勝之奇術控億兆之雄將擁塵沙之勁卒於是衆軍響應萬塗競進感動六合聲震天地雄夫奮威淚奔白刃之光奪於曦曜法鼓之音亂於雷震鞦馬趁趕以騰擲迅象飛控以馳驅禪弓煙舉而雲興慧箭雨灑以流虛鞭以假名之策蹴入無有之原研以師子之吼刺以苦空之音揮干將而亂斬動戈矛而競偃橫塵尸以被野流骨血於長川崩癡山之嵯峨竭愛水之洪流窮僭於諸見之窟挫高於七慢之巢於是魔賊進無抗鱗之用退無希脫之隱慮盡路窮迴遑靡據魔王面縛於魔庭羣旅送命於軍門諸天電卷以

歸化。迷徒風馳於初暉。皇威掃蕩。其猶太陽之熯晨霜。注洪流以滅爝火。故使萬世之逋寇土崩於崇朝。中華之昔難。肅清於俄頃。斯誠聖皇神會之奇功。曠代著世之休烈。雖昔殷湯建雲功於夏郊。周武掃清氛於商野。斯乃上古之雄奇。豈以得齊於聖勳。臣輒奉宣皇猷。綏慰初附。安以空同之宅。充以八解之流。防以戒善之禮。習以六度之風。耆年者悟其即眞於新唱。弱喪者始聞歸歟之音。夫應天順罰。春秋之道。興功定亂。先王所美。元惡以賓。祇從聖憲。六合同明。廓清宇內。玄風遐扇。率土懷慶。朝有康哉之歌。野有樂哉之詠。功高道大非見所表。聖慮幽深非言能宣。麤條皇威奇算之方。又列衆軍龍驤之勢。電驛星馳。謹露布以聞。臣等誠惶以抃。

余以講業之暇聊復永日。寓言假事。庶明大道。冀好迷之流。不遠而復。經云。涅槃無生而無不生。至智無照而無不照。無生無照。一切皆成。成無成而無不成。其唯如來乎。戰勝不以干戈之功。略地不以兵强天下。皇王非處一之尊。霸臣非桓文之貴。巨姬之敎。於斯遠矣。聃周之言。似而非當。故知宗極存乎俗見之表。至尊王於眞鑒之裏。中人躊躇於有無之間。下愚驚笑於常迷之境。令庶覽者捨河伯秋水之自多。遠遊于海若之淵門。不束情於近教。而駭神于長廣之說也。

弘明集後序

余所集弘明。爲法禦侮。通人雅論。勝士妙說。摧邪破惑之衝。弘道護法之塹。亦已備矣。然智者不迷。迷者乖智。若導以深法。終於莫領。故復撮舉世典。指事取徵。言非榮華。理歸質實。庶迷塗之人。不遠而復。總釋衆疑。故曰弘明。論云。夫二諦差別。道俗斯分。道法空寂。包三界以等觀。俗教封滯。執一國以限心。心限一國則耳目之外皆疑等觀三界則神化之理常照執疑以迷照羣生所以永淪者也詳檢俗教並憲章五經所尊唯天所法唯聖然莫測天形莫窺聖心雖敬而信之猶矇矇弗了況乃佛尊於天法妙於聖化出域中理絶繫表肩吾猶驚怖於河漢俗士安得不疑駭於覺海哉既駭覺海則驚同河漢一疑經說迂誕大而無徵二疑人死神滅無有三世三疑莫見眞佛無益國治四疑古無法教近出漢世五疑教在戎方化非華俗六疑漢魏法微晉代始盛以此六疑信心不樹將溺宜拯故較而論之若疑經說迂誕大而無

徵者。蓋以積劫不極世界無邊也。今世咸知百年之外必至萬歲。而不信積萬之變至於曠劫。是限心以量造化也。咸知赤縣之表必有四極。而不信積極之遠復有世界。是執見以判太虛也。昔湯問革曰。上下八方有極乎。革曰。無極之外復無極。無盡之中復無盡。朕是以知其無極無盡也。上古大賢據理訓聖。千載符契懸與經合。并識之徒何知得異。夫以方寸之心謀己身而致謬。圓分之眸隔牆壁而弗見。而欲侮尊經。背聖說。誣積劫。罔世界。可為慼傷者一也。若疑人死神滅無有三世。是自誣其性靈。而蔑棄其祖禰也。然則周孔制典。昌言鬼神。易曰游魂爲變。是以知鬼神之情狀。旣情且狀。其無形乎。詩云三后在天。王配于京。升靈上旻。豈曰滅乎。禮云夏尊命。事鬼敬神。大禹所祗。寧虛誕乎。書稱周公代武。云能事鬼神。姬旦禱親。可虛罔乎。苟亡而有靈。則三世如鏡。變化輪迴。孰知其極。俗士執禮而背叛五經。非直誣佛。亦侮聖也。若信鬼於五經。而疑神於佛說。斯固聾瞽之徒。非議所及。可爲哀矜者二也。若疑莫見眞佛無益國治。則禋祀望秩。亦宜廢棄。何者。蒼蒼積空。誰見上帝之貌。茫茫累塊。安識后祗之形。民自躬稼。社神何力。

人造庸畷蜡鬼奚功。然猶盛其犧牲之費。繁其歲時之祀者。豈不以幽靈宜尊。敎民美報耶。況佛智周空界。神凝域表。上帝成天。緣其陶鑄之慈。聖王爲人。依其亭育之戒。崇法則六天咸喜。廢道則萬神斯怒。今人莫見天形而稱郊祀有福。不覩金容而謂敬事無報。輕本重末。可爲震懼者三也。若疑古無佛敎。近出漢世者。夫神化隱顯。孰測始終哉。尋羲農緬邈。政績猶湮。彼有法敎。亦安得聞之。昔佛圖澄知臨淄伏石有舊像露盤。犍陀勒見槃鵄山中有古寺基墌。衆人試掘。並如其言。此萬代之遺徵。晉世之顯驗。誰判上古必無佛乎。列子稱周穆王時。西極有化人來。入水火。貫金石。反山川。移城邑。乘虛不墜。觸實不礙。千變萬化。不可窮極。既能變人之形。又且易人之慮。穆王敬之若神。事之若君。觀其靈跡。乃開士之化。大法萌兆。已見周初。感應之漸。非起漢世。而封執一時。可爲歎息者四也。若疑教在戎方。化非華夏者。則是前聖執地以定教。非設教以移俗也。昔三皇無爲。五帝德化。三王禮形。七國權勢。地當諸夏。而世教九變。今反以至道之源。鏡以大智之訓。感而遂通。何往不被。夫禹出西羌。舜生東夷。孰云地賤而棄其聖。丘欲居夷。

毋適西戎道之所在寧選於地夫以俗聖設敎猶不繫於華夷況佛統大千豈限化於西域哉案禮王制云四海之內方三千里中夏所據亦已不曠伊洛本夏而鞠爲戎墟吳楚本夷而翻成華邑道有運流而地無恆化矣且夫厚載無疆寰域異統北辰西北故知天竺居中今已區分中土稱華以距正法雖欲距塞而神化常通可爲悲涼者五也若疑漢魏法微晉代始盛者道運崇替未可致詰也尋沙門之修釋敎何異孔氏之述唐虞乎孔修五經垂範百王然春秋諸侯莫肯遵用戰伐蔑之將墜于地爰至秦皇復加

燔燼。豈仲尼之不肖。而詩書之淺鄙哉。迺及漢武。始顯儒教。舉明經之相。崇孔聖之術。寧可以見輕七國。而遂廢後代乎。案漢元之世。劉向序仙云。七十四人出在佛經。故知經流中夏。其來已久。逮明帝感夢。而傳毅稱佛。於是秦景東使。而攝騰西至。乃圖像於關陽之觀。藏經於蘭臺之室。不講深文。故莫識奧義。是以楚王修仁潔之祠。孝桓建華蓋之祭。法相未融。唯神之而已。至魏武英鑒。書述妙化。孫權雄略。崇造塔寺。晉武之初。機緣漸深。耆域耀神通之跡。竺護集法寶之藏。所以百辟搢紳。洗心以進德。萬邦黎憲。刻意而遷善。暨晉明叡悟。秉壹棲神。手畫寶像。表觀樂覽。既而安上弘經於山東。什公宣法於關右。精義既敷。實相彌照。英才碩智。並驗理而伏膺矣。故知法雲始於觸石。慧水流于濫觴。教必有漸。神化之常。感應因時。非緣如何。故儒術非愚於秦而智於漢。用與不用耳。佛法非淺於漢而深於晉。明與不明耳。故知五經恆善。而崇替隨運。佛化常熾。而通塞在緣。一以此思。可無深惑。而執疑莫悟。可爲痛悼者六也。夫信順福基。迷謗禍門。而況曚曚之徒。多不量力。以己所不知。而誣先覺之徧知。以其所不見。而罔至人之明見。鑒達三世。反號邪僻。專拘目前。自謂明智。於是迷疑塞胷。謗讟盈口。輕議以市重苦。顯誹以賈幽罰。言無錙銖之功。慮無毫釐之益。逝川若飛。藏山如電。一息不還。奄然後世。報隨影至。悔其可追。夫神化茫茫。幽明代運。五道變化。于何不之。天宮顯驗。趙簡秦穆之錫是也。鬼道交報。杜伯彭生之見是也。修德福應。殷代宋景之驗是也。多殺禍及。白起程普之證是也。現世幽徵。備詳典籍。來生冥應。布在尊經。但緣感理奧。因果義微。微奧難領。故略而不陳。前哲所辨。關鍵已正。聊率鄙懷。繼之於末。雖文非珪璋。而事足鞶鑑。惟愷悌君子自求多福焉。

弘明集卷第十四

音釋

伽玃音加玃大猿也　絚胡官切音桓緩也　鑣悲嬌切音瀌馬銜也　崿逆各切音諤崖也　筭蘇貫切與算同　稊杜兮切音題稊稗似穀而實細　逋奔謨切音晡亡也凡欠負官物亡匿不還皆謂之逋　鞸薄必切音邲車東也　趁䞭音驂覃驅走貌　膋連條切音聊腸間脂也　熯忍善切音燃乾貌火盛貌又虛汗切音漢本作晘　墌之石切音隻基址也　鎜蒲官切音槃大帶也

無可道人貫通倡募鋟板施資人名開列於右

心慈師　聖珠師　性覺師　陳慧融　呂慧幢
本開師　道珠師　性亮師　陳慧義　孫慧朗
培心師　賢珠師　劉性明　何慧進　索慧妙
行願師　印心師　劉性亮　汪常專　李慧成
本信師　常定師　韓谷響　楊道清　阮慧西
靈珠師　本清師　阮吉祥　江純一　俞阮氏
智珠師　錞清師　阮德發　許本州　姜俞氏
清珠師　慧正師　劉開富　林慧妙　葛性明
印珠師　照塵師　黃淨持　張慧果　李性覺

耀珠師　悟心師　李慧和　方慧修

共刻此全集十四卷連圈計字十四萬九千八百七十一箇該刻資二百三十九千七百九十四文

又刻諸佛要集投身飼虎不思議光三經共錢五十三千四百八十文

合積功德普皆回向偈曰。刻此全集功德回向法界衆生。迷途當下知返。正道即時趨登。伐去邪見稠林。培植菩提深根。破除煩惱黑闇。剔起智慧明燈。憶昔埋頭認影。恣情任意貪瞋。本頭原不曾失。無辜向外狂奔。得此白澤之圖。在在永遠流通。師子頻呻哮吼。野干滅跡潛蹤。人各鼎新革故。沙界相與同風。轉堪忍之濁惡。成極樂之蓮宮。各各齊成正覺。吾等斯願方終。

光緒丙申年春三月開雕　板存金陵刻經處